Superfood

Gesunde, vielseitige und leckere Gerichte

Bath · New York · Cologne · Melbourne · Delhi
Hong Kong · Shenzhen · Singapore · Amsterdam

Copyright © Parragon Books Ltd

Alle Rechte vorbehalten. Die vollständige oder auszugsweise Speicherung, Vervielfältigung oder Übertragung dieses Werkes, ob elektronisch, mechanisch, durch Fotokopie oder Aufzeichnung, ist ohne vorherige Genehmigung des Rechteinhabers urheberrechtlich untersagt.

Copyright © für die deutsche Ausgabe
Parragon Books Ltd
Chartist House
15–17 Trim Street
Bath BA1 1HA, UK
www.parragon.com

Realisation der deutschen Ausgabe: trans texas publishing services GmbH, Köln
Lektorat: Şebnem Yavuz
Satz: lesezeichen Verlagsdienste, Köln

ISBN 978-1-4748-1688-5

Printed in China

Hinweis

Sofern die Schale von Zitrusfrüchten benötigt wird, verwenden Sie unbedingt unbehandelte Früchte. Sind Zutaten in Löffeln angegeben, ist immer ein gestrichener Löffel gemeint. Ein Teelöffel entspricht 5 ml, ein Esslöffel 15 ml.

Sofern nicht anders angegeben, wird Vollmilch (3,5 % Fett) verwendet. Es sollte stets frisch gemahlener schwarzer Pfeffer verarbeitet werden.

Bei Eiern und einzelnen Gemüsesorten, z. B. Kartoffeln, verwenden Sie mittelgroße Exemplare. Kinder, ältere Menschen, Schwangere, Kranke und Rekonvaleszenten sollten auf Gerichte mit rohen oder nur leicht gegarten Eiern verzichten.

Die angegebenen Zeiten können von den tatsächlichen leicht abweichen, da je nach verwendeter Zubereitungsmethode und vorhandenem Backofentyp Schwankungen auftreten.

Inhaltsverzeichnis

Einleitung	4
Mineralien pur: Gemüse	6
Fleisch, Fisch & Meeresfrüchte – eiweißreich	46
Reich an Ballaststoffen: Getreide, Hülsenfrüchte & Co.	92
Gesunde Fette: Nüsse & Saaten	134
Natürliche Vitamine: Obst	174
Rezepteregister	208

Einleitung

Kennen Sie das? Sie sitzen nachmittags am Schreibtisch, schauen müde auf die Uhr und denken, wie soll ich nur bis fünf noch durchhalten? Ein Stück Kuchen oder ein Schokoladenriegel sind zwar eine schnelle Energiequelle, aber so schnell, wie Sie sie gegessen haben, ist die Energie auch schon wieder aufgebraucht – und Sie fühlen sich erschöpfter als zuvor.

Um den Körper langfristig mit Energie zu versorgen und eine anhaltende Sättigung zu erreichen, braucht es keine Wundermittel. Mit ein wenig Bewegung und einer ausgewogenen Ernährung ist es erstaunlich einfach, das typische Mittagstief zu überwinden. Eine gesunde Ernährung, die reich an hochwertigen Proteinen, gesunden Fetten, Kohlenhydraten und viel Gemüse ist, wird Ihnen nicht nur helfen, sich besser zu fühlen, sondern auch, besser auszusehen! Am besten eignen sich dazu die sogenannten „Superfoods".

Superfoods sind überall einfach zu bekommen – ob im Supermarkt, auf dem Wochenmarkt, im Reformhaus oder im Bioladen –, und sie sind häufig auch sehr günstig. Doch was sind eigentlich Superfoods?

Zwar hat jedes Lebensmittel einen Nährwert, doch Superfoods haben sozusagen einen Mehrwert: Sie sind voller Vitamine, Mineralien, essenzieller Fettsäuren oder gesundheitsfördernder sekundärer Pflanzenstoffe. Eine ausgewogene Zufuhr dieser Nährstoffe ist elementar für Energiehaushalt, Wachstum, Zellerneuerung, Abwehrkräfte und Stoffwechselprozesse.

Einige Superfoods, wie beispielsweise Blaubeeren, rote Paprika und Orangen, enthalten Vitamine und Antioxidantien, die vor Zellschädigung schützen. Andere Superfoods wie Brokkoli, Grünkohl und Brunnenkresse enthalten sekundäre Pflanzenstoffe, auch Phytamine genannt, die das Wachstum von Krebszellen aufhalten können. Lebensmittel wie Knoblauch oder Zwiebeln gehören zu den Superfoods, die das Immunsystem stärken und so die körpereigenen Abwehrkräfte unterstützen.

Je mehr Superfoods Sie zu sich nehmen, desto weniger Platz bleibt für ungesunde Lebensmittel. Es nimmt auch nicht viel Zeit in Anspruch, eine gesunde Gemüsepfanne oder einen Salat zuzubereiten.

Mineralien pur: Gemüse

Rote-Bete-Energiekick

Mineralien pur: Gemüse

Zutaten für 1 Person

- 2 Rote Beten, halbiert
- 2 große Karotten, halbiert
- 2 Selleriestangen, halbiert
- 5-cm-Stück Salatgurke
- 2 rote Äpfel, halbiert
- 30 g Walnusskerne, fein gemahlen
- 1 kleine Handvoll Eiswürfel, nach Belieben

So geht's

Von einer Betehälfte zwei dünne Scheiben schneiden und beiseitelegen. Erst Beten und Karotten, dann Sellerie, Gurke und anschließend die Äpfel entsaften. Gemahlene Walnüsse unterrühren.

Ein Glas zur Hälfte mit Eis füllen, falls verwendet, und mit dem Saft aufgießen. Die Betescheiben auf einen Cocktailstab stecken, aufs Glas legen und sofort servieren.

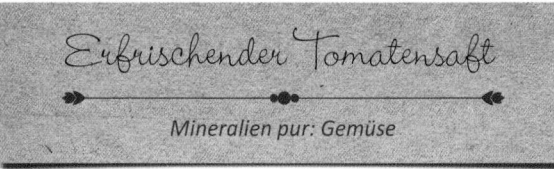

Mineralien pur: Gemüse

Zutaten für 1 Person

- 2 Karotten, halbiert
- 1 Selleriestange, halbiert
- 2,5-cm-Stück Brokkolistängel
- 1 kleine Handvoll Basilikumblätter
- 4 Tomaten
- 1 kleine Handvoll zerstoßenes Eis (nach Belieben)

So geht's

Erst Karotten, dann Sellerie, Brokkoli und einen Großteil Basilikum entsaften. Als Letztes die Tomaten entsaften.

Ein Glas zur Hälfte mit Eis füllen, falls verwendet, und mit dem Saft aufgießen. Mit den restlichen Basilikumblättern garnieren und sofort servieren.

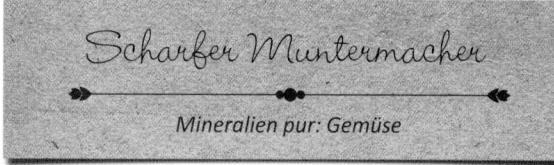

Scharfer Muntermacher

Mineralien pur: Gemüse

Zutaten für 1 Person

- 2 Karotten, halbiert, plus Karotten-Juliennes zum Garnieren
- 2 Tomaten, halbiert
- 1 großer roter Chili, halbiert
- 2 TL Zitronensaft
- frisch gemahlener schwarzer Pfeffer

So geht's

Erst die Karotten und dann Tomaten und Chili entsaften. Zitronensaft und schwarzen Pfeffer einrühren. In ein Glas gießen, mit den Karotten-Juliennes garnieren und sofort servieren.

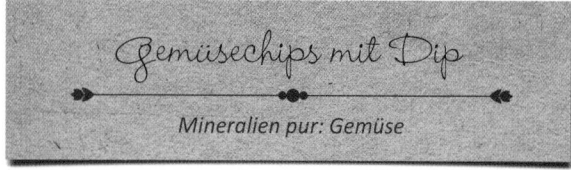

Gemüsechips mit Dip

Mineralien pur: Gemüse

Zutaten für 4 Personen

- 1 kg Wurzelgemüse, z. B. Karotten, Pastinaken und Süßkartoffeln, in sehr feine Scheiben geschnitten
- 4 EL natives Olivenöl extra
- Meersalz und Pfeffer

Kräuter-Knoblauch-Dip
- 200 g griechischer Joghurt
- 2 Knoblauchzehen, fein gehackt
- 4 EL frisch gehackte Kräuter, z. B. glatte Petersilie, Schnittlauch, Basilikum und Oregano

So geht's

Den Backofen auf 200 °C vorheizen. Für den Dip den Joghurt in eine Schale geben, Knoblauch und Kräuter einrühren und alles mit Salz und Pfeffer würzen. Abgedeckt kalt stellen.

Die Gemüsescheiben in eine große Schüssel geben. Das Öl langsam unter Rühren darüberträufeln, bis alles gut überzogen ist.

Die Gemüsescheiben in je einer Lage auf drei Backblechen verteilen. Mit Salz und Pfeffer bestreuen. 8–10 Minuten backen, dann das Gargut prüfen. Gemüse, das schon knusprig ist (vor allem an den Rändern der Bleche), herausnehmen und auf einem Gitter abkühlen lassen. Die restlichen Chips 2–3 Minuten weiterrösten, dann zu den anderen auf das Gitter geben und abkühlen lassen.

Die Gemüsechips in eine Schüssel füllen und dazu den Dip reichen.

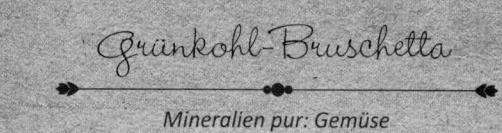

Grünkohl-Bruschetta

Mineralien pur: Gemüse

Zutaten für 4 Personen

- 1 frische Knoblauchknolle
- 3 EL Olivenöl
- 4 Scheiben Sauerteig-vollkornbrot (insg. 250 g)
- 80 g Grünkohl, in Streifen geschnitten
- 1 EL Balsamico-Essig
- 2 TL Granatapfelsirup
- Meersalz und Pfeffer

So geht's

Den Backofen auf 190 °C vorheizen. Den Knoblauch auf Alufolie legen, mit 1 Esslöffel Öl beträufeln, dann fest in die Folie einwickeln. Auf ein Backblech legen und 20 Minuten rösten, bis sich der Knoblauch beim Andrücken weich anfühlt.

Inzwischen eine Grillpfanne erhitzen. Die Brotscheiben halbieren, auf einer Seite mit etwas Öl bestreichen und das Brot mit der bestrichenen Fläche nach unten 2 Minuten in der heißen Pfanne rösten. Die oben liegende Seite mit dem restlichen Öl bestreichen, dann wenden und goldbraun rösten.

Den Knoblauch aus der Folie wickeln, die äußere Schale entfernen und die Knolle in einzelne Zehen teilen. Die festen Häutchen entfernen. Den cremigen weichen Knoblauch in einem Mörser zu einer groben Paste zerdrücken. Die Paste mit Garsud aus der Alufolie vermischen, dann dünn auf das geröstete Brot streichen und warm halten.

Eine beschichtete Pfanne erhitzen, den Grünkohl hineingeben und auf mittlerer Stufe 2–3 Minuten erhitzen, bis er zusammenfällt. Essig, Sirup und ein wenig Salz und Pfeffer dazurühren. Die Bruschettas auf ein Schneidebrett legen, den Grünkohl darauflöffeln und servieren.

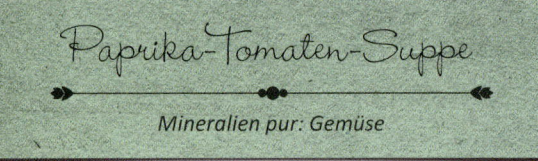

Paprika-Tomaten-Suppe

Mineralien pur: Gemüse

Zutaten für 4 Personen

- 1 EL Olivenöl
- 2 rote Paprika, klein gewürfelt
- 1 Knoblauchzehe, fein gehackt
- 1 Zwiebel, fein gehackt
- 400 g gehackte Tomaten aus der Dose
- 1,2 l Gemüsebrühe
- Salz und Pfeffer
- frisches Basilikum, zum Garnieren

So geht's

Öl, 2 Esslöffel kaltes Wasser, Paprika, Knoblauch und Zwiebel bei niedriger bis mittlerer Hitze in einen Topf geben und 5–10 Minuten weich dünsten. Bei aufgesetztem Deckel weitere 10 Minuten dünsten.

Tomaten und Brühe zufügen und mit Salz und Pfeffer würzen. Ohne Deckel 15 Minuten köcheln lassen. Mit Basilikum garniert servieren.

Mineralien pur: Gemüse

Süßkartoffelsuppe

Zutaten für 6 Personen

- 15 g Butter
- 3 Porreestangen, in feine Ringe geschnitten
- 1 große Karotte, in dünne Scheiben geschnitten
- 600 g Süßkartoffeln, geschält und gewürfelt
- 2 große Kochäpfel, geschält, entkernt und gewürfelt
- Salz und Pfeffer
- frisch geriebene Muskatnuss
- 250 ml Apfelsaft
- 250 g Sahne
- frisch gehackter Koriander, zum Garnieren

So geht's

Die Butter in einem großen Topf bei mittlerer Hitze zerlassen. Den Porree zugeben, den Deckel auflegen und das Gemüse 6–8 Minuten unter gelegentlichem Rühren weich dünsten.

Karotte, Süßkartoffeln, Äpfel und 1,2 Liter Wasser zugeben. Mit Salz, Pfeffer und Muskat würzen und aufkochen. Die Hitze reduzieren und das Ganze mit geschlossenem Deckel 20 Minuten köcheln, bis das Gemüse weich ist. Gelegentlich umrühren.

Die Suppe etwas abkühlen lassen, dann portionsweise in der Küchenmaschine, im Standmixer oder mit dem Pürierstab glatt pürieren.

Die Suppe zurück in den Topf geben, den Apfelsaft einrühren und alles bei geringer Hitze etwa 10 Minuten sehr sanft köcheln. Die Sahne zugießen und weitere 5 Minuten sanft köcheln.

Erneut abschmecken. Auf vorgewärmte Teller geben, mit Koriander garnieren und servieren.

Reissalat mit Roter Bete

Mineralien pur: Gemüse

Zutaten für 4 Personen

- 450 g rohe Rote Beten, gewürfelt
- 450 g Butternusskürbisfleisch, gewürfelt
- 4 EL natives Olivenöl extra
- Salz und Pfeffer

- 100 g brauner Basmatireis
- 100 g roter Camargue-Reis
- 100 g Instant-Emmer
- 120 g junge Rote-Bete-Blätter

Dressing
- 1 EL Leinöl
- 2 EL Rotweinessig
- ½ TL scharfes geräuchertes Paprikapulver
- 1 TL grob zerdrückte Fenchelsamen
- 2 TL Tomatenmark

So geht's

Den Backofen auf 200 °C vorheizen. Rote Beten und Kürbis in eine Bratform geben und mit der Hälfte des Olivenöls beträufeln. Mit Salz und Pfeffer würzen und im vorgeheizten Ofen 30 Minuten garen, bis das Gemüse weich ist.

Inzwischen Wasser in einem großen Topf zum Kochen bringen. Basmati- und Camargue-Reis darin ohne Deckel 15 Minuten garen. Den Emmer zugeben und weitere 10 Minuten kochen, bis alle Körner gar sind. Das Wasser abgießen, die Körner unter kaltem Wasser abschrecken und abtropfen lassen.

Für das Dressing alle Zutaten mit dem restlichen Olivenöl in ein Schraubglas füllen. Mit Salz und Pfeffer würzen, zuschrauben und kräftig schütteln. Über die Reismischung geben und unterheben.

Das Ofengemüse auf der Reismischung verteilen und erkalten lassen. Vorsichtig unterheben. Die Beteblätter zufügen und sofort servieren.

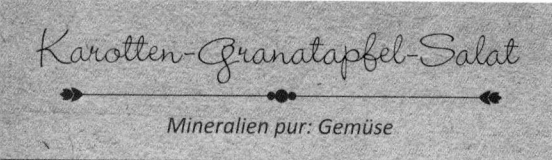

Karotten-Granatapfel-Salat

Mineralien pur: Gemüse

Zutaten für 4 Personen

- 350 g Karotten, fein gerieben
- 5-cm-Stück frische Ingwerwurzel, geschält und fein gerieben
- 1 kleiner Granatapfel, geviertelt
- 50 g Sprossen, z. B. Alfalfa- und Radieschensprossen

Dressing
- 3 EL leichtes Olivenöl
- 3 TL Rotweinessig
- 3 TL Granatapfelsirup
- Salz und Pfeffer

So geht's

Karotten und Ingwer in eine Salatschüssel geben. Die Granatapfelviertel nach außen biegen, die Kerne herausdrücken und unter die Karotten mischen.

Für das Dressing Öl, Essig und Granatapfelsirup in ein Schraubglas füllen. Salzen und pfeffern, dann kräftig schütteln. Das Dressing über den Salat träufeln und untermischen. Im Kühlschrank abgedeckt 30 Minuten ziehen lassen.

Mit den Sprossen garnieren und servieren.

Rotkohl in Rotwein

Mineralien pur: Gemüse

Zutaten für 6 Personen

- 2 EL Butter
- 1 Knoblauchzehe, gehackt
- 650 g Rotkohl, geraspelt
- 150 g Sultaninen
- 1 EL Honig
- 100 ml Rotwein

So geht's

Die Butter in einem großen Topf auf mittlerer Stufe zerlassen. Den Knoblauch dazugeben und 1 Minute unter Rühren anbraten.

Kohl und Sultaninen in den Topf geben, dann den Honig unterrühren. 1 weitere Minute anbraten.

Rotwein und 100 ml Wasser zugeben und alles zum Kochen bringen. Die Hitze reduzieren, abdecken und unter gelegentlichem Rühren 45 Minuten köcheln lassen, bis der Kohl gar ist. Noch heiß servieren.

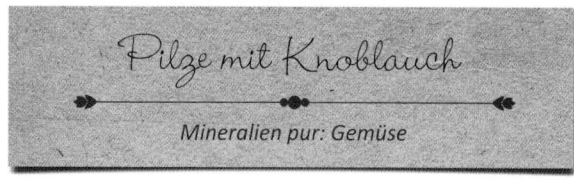

Pilze mit Knoblauch

Mineralien pur: Gemüse

Zutaten für 4 Personen

- 2 Knoblauchknollen
- Salz und Pfeffer
- 2 EL Olivenöl
- 350 g gemischte Pilze, große Exemplare halbiert
- 1 EL frisch gehackte Petersilie
- 8 Frühlingszwiebeln, in 2,5 cm lange Stücke geschnitten

So geht's

Den Backofen auf 180 °C vorheizen. Die Spitze von den Knoblauchknollen abschneiden, dann auf die Knollen drücken, um die Zehen zu lockern. Die Knollen in eine Auflaufform setzen und mit Salz und Pfeffer würzen. Mit je 1 Teelöffel Öl übergießen und im vorgeheizten Ofen 30 Minuten braten. Die Knollen aus dem Ofen nehmen und mit je ½ Teelöffel Öl beträufeln. Im Ofen weitere 45 Minuten braten. Den Knoblauch herausnehmen, abkühlen lassen und von Hand schälen.

Das Öl aus der Auflaufform in eine schwere Pfanne füllen. Das restliche Öl zugießen und erhitzen. Die Pilze darin bei mittlerer Hitze unter häufigem Rühren 4 Minuten dünsten.

Knoblauchzehen, Petersilie und Frühlingszwiebeln zufügen und unter häufigem Rühren 5 Minuten erhitzen. Mit Salz und Pfeffer abschmecken und sofort servieren.

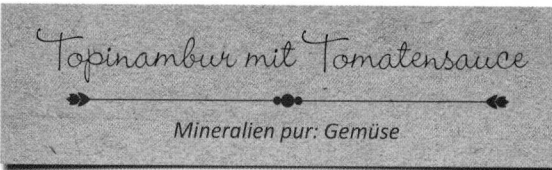

Topinambur mit Tomatensauce

Mineralien pur: Gemüse

Zutaten für 4 Personen

- 450 g Topinamburen, in Scheiben geschnitten
- Saft von ½ Zitrone

Sauce
- 2 EL Olivenöl
- 1 große rote Zwiebel, fein gehackt
- 2 Knoblauchzehen, fein gehackt
- 500 g Miniromanatomaten, halbiert
- 3 sonnengetrocknete Tomaten, gehackt
- 200 ml trockener Weißwein
- Salz und Pfeffer
- 2 EL frisch gehackte Basilikumblätter, zum Garnieren

So geht's

Die Topinamburen in eine Schüssel mit Zitronenwasser geben und beiseitestellen.

Für die Sauce das Öl in einer Pfanne erhitzen. Die Zwiebel hineingeben und unter gelegentlichem Rühren bei kleiner Hitze dünsten. Den Knoblauch zugeben und 2 Minuten weiterdünsten. Tomaten und Wein zufügen. Mit Salz und Pfeffer abschmecken, zum Kochen bringen, dann die Hitze reduzieren und 10 Minuten köcheln lassen. Dabei gelegentlich die Pfanne rütteln.

Inzwischen Salzwasser in einem Topf zum Kochen bringen. Die Topinamburen hineingeben und 5–8 Minuten garen, bis sie weich sind. Abtropfen und auf eine vorgewärmte Servierplatte geben. Die Tomatensauce darübergeben und mit dem Basilikum garniert servieren.

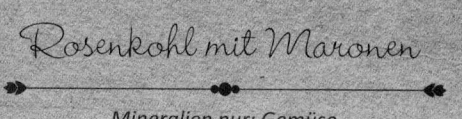

Rosenkohl mit Maronen

Mineralien pur: Gemüse

Zutaten für 4 Personen

- 350 g Rosenkohl, geputzt
- 2 EL Butter
- 100 g ungesüßte Maronen aus der Dose, abgetropft, oder vakuumverpackte Maronen
- 1 Prise frisch geriebene Muskatnuss
- Salz und Pfeffer
- 60 g Mandelblättchen, zum Garnieren

So geht's

Den Rosenkohl in einem großen Topf mit köchelndem Salzwasser 15 Minuten garen. Gut abtropfen lassen.

Die Butter bei mittlerer Hitze in einem großen Topf zerlassen. Den Rosenkohl zufügen und 3 Minuten unter Rühren andünsten. Maronen und Muskatnuss zugeben.

Mit Salz und Pfeffer abschmecken und weitere 2 Minuten garen. In eine vorgewärmte Servierschale füllen. Mit den Mandelblättchen bestreuen und sofort servieren.

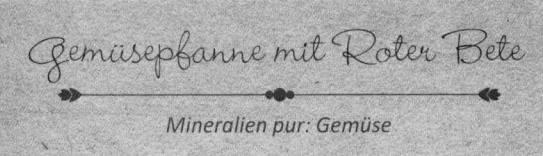

Gemüsepfanne mit Roter Bete

Mineralien pur: Gemüse

Zutaten für 4 Personen

- 350 g Topinamburen, mit Schale, abgebürstet
- 450 g Rote Beten, gewürfelt
- 750 g Süßkartoffeln, gewürfelt
- 2 EL Olivenöl
- 1 rote Zwiebel, grob gehackt
- 2 TL Paprikapulver edelsüß
- ½ TL Senfpulver
- 3 TL frische Thymianblätter, plus etwas mehr zum Garnieren
- Salz und Pfeffer
- 4 Eier

So geht's

Größere Topinamburexemplare halbieren. Den Einsatz aus dem Dämpftopf nehmen, diesen halb mit Wasser füllen. Zum Kochen bringen und die Topinamburen hineingeben. Den Dämpfkorb einsetzen und die Roten Beten auf die eine Hälfte geben. Bei aufgesetztem Deckel 10 Minuten dämpfen. Die Süßkartoffeln neben die Rote Beten in den Korb geben und weitere 10 Minuten dämpfen, bis alle Gemüsesorten gar sind. Herausnehmen. Die Topinamburen schälen und würfeln.

1 Esslöffel Öl in einer großen Pfanne erhitzen. Die Zwiebel darin bei mittlerer Hitze 3–4 Minuten dünsten. Topinamburen, Rote Beten und Süßkartoffeln zugeben und 10 Minuten braten, bis die Gemüsewürfel gebräunt sind.

Paprika- und Senfpulver sowie Thymian untermischen und mit Salz und Pfeffer würzen. Vier Vertiefungen in das Gemüse drücken, das restliche Öl in die Mulden träufeln und die Eier hineinschlagen. Mit Salz und Pfeffer bestreuen und bei aufgesetztem Deckel 4–5 Minuten stocken lassen, bis die Eier die gewünschte Konsistenz haben. Auf vier Tellern anrichten, mit Thymian garnieren und sofort servieren.

Eier mit Tomaten & Paprika

Mineralien pur: Gemüse

Zutaten für 4 Personen

- 4 große Tomaten
- 1½ EL Rapsöl
- 1 große Zwiebel, fein gehackt
- ½ TL zerstoßene Koriandersamen
- ½ TL zerstoßene Kreuzkümmelsamen
- 2 rote Paprika, grob gehackt
- ¼ TL getrocknete rote Chiliflocken
- 1 große Knoblauchzehe, in feine Scheiben geschnitten
- Salz und Pfeffer
- 4 Eier
- 1 EL grob gehackte glatte Petersilie, zum Garnieren

So geht's

Die Tomaten in eine Schüssel geben und mit kochendem Wasser überbrühen. Nach 30 Sekunden das Wasser abgießen, dann die Tomaten häuten und hacken.

Das Öl in einer großen Pfanne erhitzen. Zwiebel, Koriander- und Kreuzkümmelsamen darin bei mittlerer Hitze etwa 10 Minuten unter gelegentlichem Rühren dünsten.

Paprika und Chiliflocken zugeben und 5 Minuten dünsten, bis die Paprika weich ist. Knoblauch und Tomaten untermischen und mit Salz und Pfeffer würzen. Die Hitze auf niedrige Stufe reduzieren und das Gemüse 10 Minuten ohne Deckel garen.

Die Eier aufschlagen und auf das Gemüse setzen. Bei aufgelegtem Deckel 4–5 Minuten stocken lassen, bis die Eier die gewünschte Konsistenz haben. Mit Salz und Pfeffer würzen. Mit der Petersilie garnieren und sofort servieren.

Geröstetes Wurzelgemüse

Mineralien pur: Gemüse

Zutaten für 4–6 Personen

- 3 Pastinaken, in 5 cm lange Stücke geschnitten
- 4 kleine Rüben, geviertelt
- 3 Karotten, in 5 cm lange Stücke geschnitten
- 450 g Butternusskürbis, geschält und in 5 cm große Würfel geschnitten
- 450 g Süßkartoffeln, geschält und in 5 cm große Würfel geschnitten
- 2 Knoblauchzehen, fein gehackt
- 2 EL frisch gehackter Rosmarin
- 2 EL frisch gehackter Thymian
- 2 TL frisch gehackter Salbei
- 3 EL Olivenöl
- Salz und Pfeffer
- 2 EL frisch gehackte gemischte Kräuter, z. B. Petersilie, Thymian und Minze, zum Garnieren

So geht's

Den Backofen auf 220 °C vorheizen. Das Gemüse auf einem großen Backblech verteilen. Knoblauch, Rosmarin, Thymian und Salbei darüberstreuen. Das Öl darübergießen und mit Salz und Pfeffer kräftig würzen.

Alles gut vermengen, bis das Gemüse mit Öl überzogen ist. Sie können das Gemüse nach Belieben auch noch kurz ziehen lassen, damit sich die Aromen besser entfalten.

Auf der obersten Schiene des Ofens 50–60 Minuten backen, dabei das Gemüse einmal wenden. Sobald das Gemüse gar und schön angeröstet ist, aus dem Ofen nehmen. Mit den frischen Kräutern bestreuen, mit Salz und Pfeffer würzen und servieren.

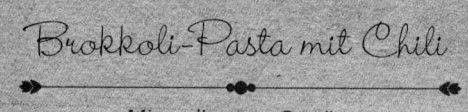

Brokkoli-Pasta mit Chili

Mineralien pur: Gemüse

Zutaten für 4 Personen

- Salz
- 225 g Penne oder Makkaroni
- 225 g Brokkoli, in Röschen zerteilt
- 50 ml natives Olivenöl extra
- 2 große Knoblauchzehen, gehackt
- 2 frische, große rote Chilis, entkernt und gewürfelt
- 8 Cocktailtomaten
- 1 Handvoll frische Basilikumblätter, zum Garnieren

So geht's

In einem großen Topf leicht gesalzenes Wasser zum Kochen bringen. Die Pasta hineingeben, aufkochen und 8–10 Minuten kochen, bis sie bissfest ist. Abgießen, unter kaltem Wasser abschrecken und abtropfen lassen. Beiseitestellen.

In einem zweiten Topf gesalzenes Wasser zum Kochen bringen und den Brokkoli darin 5 Minuten garen. Abgießen, unter kaltem Wasser abschrecken und abtropfen lassen.

Das Öl in einer großen, schweren Pfanne auf starker Stufe erhitzen. Knoblauch, Chilis und Tomaten hineingeben und unter ständigem Rühren 1 Minute braten.

Den Brokkoli hinzugeben und gut durchrühren. 2 Minuten unter Rühren erhitzen. Die Pasta zufügen und durchrühren. 1 weitere Minute erhitzen. In eine vorgewärmte Schüssel umfüllen und sofort mit dem Basilikum garniert servieren.

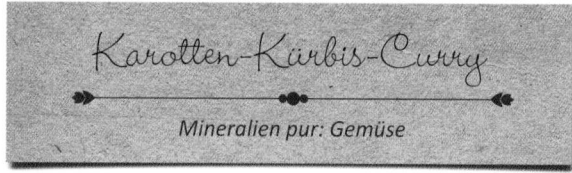

Karotten-Kürbis-Curry

Mineralien pur: Gemüse

Zutaten für 4 Personen

- 150 ml Gemüsebrühe
- 1,5-cm-Stück frischer Galgant, in Scheiben geschnitten
- 2 Knoblauchzehen, gehackt
- 1 Stängel Zitronengras, fein gehackt
- 2 frische rote Chilis, entkernt und fein gehackt
- 4 Karotten, in Stücken
- 225 g Kürbis, geschält, entkernt und in Würfel geschnitten
- 2 EL Erdnussöl
- 2 Schalotten, fein gehackt
- 3 EL gelbe Currypaste
- 400 ml Kokosmilch
- 4–6 Stängel frisches Thai-Basilikum
- 25 g geröstete Kürbiskerne, zum Garnieren

So geht's

Die Gemüsebrühe in einem großen Topf zum Kochen bringen. Galgant, die Hälfte des Knoblauchs, Zitronengras und Chilis zufügen und 5 Minuten köcheln lassen. Dann Karotten und Kürbis in den Topf geben und weitere 5–6 Minuten köcheln lassen, bis sie weich sind.

Währenddessen einen Wok auf hoher Stufe erhitzen. Das Öl zugeben und 30 Sekunden heiß werden lassen. Schalotten und restlichen Knoblauch in den Wok geben und 2–3 Minuten pfannenrühren. Die Currypaste dazugeben und weitere 1–2 Minuten rühren.

Die Schalotten-Curry-Mischung in den Topf zu den anderen Zutaten geben. Kokosmilch und Thai-Basilikum unterrühren und 2–3 Minuten köcheln lassen. Mit den gerösteten Kürbiskernen garnieren und noch heiß servieren.

Risotto Primavera

Mineralien pur: Gemüse

Zutaten für 4 Personen

- 1,2 l Gemüsebrühe
- 1 EL Olivenöl
- 1 großer Porree, in feine Ringe geschnitten, weißer und grüner Teil getrennt
- 2 Knoblauchzehen, fein gehackt
- 250 g brauner Rundkornreis
- 150 g Babykarotten, längs halbiert
- 100 g grüner Spargel, geputzt
- 225 g Zucchini, gewürfelt
- 25 g Butter
- 70 g Parmesan, fein gerieben
- 60 g Mischung aus jungem Spinat, Brunnenkresse und Rucola

So geht's

Die Brühe in einem Topf zum Kochen bringen. Inzwischen das Öl in einer großen Pfanne erhitzen. Weiße Porreeringe und Knoblauch bei mittlerer Hitze 3–4 Minuten weich dünsten, aber nicht bräunen.

Den Reis untermischen und 1 Minute andünsten. Mit der Hälfte der Brühe ablöschen und zum Kochen bringen. Bei aufgesetztem Deckel 15 Minuten köcheln lassen.

Karotten und die Hälfte der restlichen Brühe zufügen. Den Deckel wieder aufsetzen und weitere 15 Minuten garen.

Die grünen Porreeringe, Spargel und Zucchini zum Reis geben und etwas Brühe zufügen. Den Deckel wieder aufsetzen und 5–6 Minuten garen, bis Gemüse und Reis bissfest gar sind.

Den Topf vom Herd nehmen. Butter und zwei Drittel des Parmesans unterziehen. Bei Bedarf die restliche Brühe unterrühren. Mit der Blattmischung bedecken und diese bei aufgesetztem Deckel 1–2 Minuten zusammenfallen lassen.

Den Risotto in vier Servierschalen anrichten. Mit dem restlichen Käse bestreuen und sofort servieren.

Fleisch, Fisch & Meeresfrüchte – eiweißreich

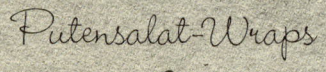

Putensalat-Wraps

Fleisch, Fisch & Meeresfrüchte – eiweißreich

Zutaten für 1 Personen

- 1 kleine Handvoll Babyspinat, in Streifen geschnitten
- ½ rote Paprika, in feine Streifen geschnitten
- ½ Karotte, grob gerieben
- 4 EL Hummus
- 80 g Putenfleisch, gebraten und in feine Streifen geschnitten
- ½ EL Sonnenblumenkerne
- Salz und Pfeffer
- 1 Vollkorn-Pita-Brot oder -Wrap

So geht's

Den Backofengrill vorheizen.

Spinat, Paprika, Karotte und Hummus in eine große Schüssel geben und alles vermengen. Putenstreifen und Sonnenblumenkerne unterheben und mit Salz und Pfeffer würzen.

Das Pita-Brot in den Backofen geben und von jeder Seite 1 Minute anbräunen. Das Pita-Brot aus dem Ofen nehmen und durchschneiden, sodass zwei Taschen entstehen.

Den Putensalat auf beide Taschen verteilen und sofort servieren.

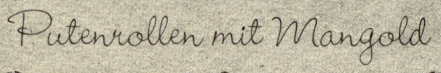

Putenrollen mit Mangold

Fleisch, Fisch & Meeresfrüchte – eiweißreich

Zutaten für 8 Rollen

- 8 Blätter Regenbogenmangold (die Blätter sollten etwas größer als die Putenscheiben sein)
- 1 Avocado, halbiert und entkernt
- Saft von 1 Zitrone
- 8 Scheiben Putenbrustaufschnitt
- 150 g Hummus
- 2 Frühlingszwiebeln, geputzt und in feine Streifen geschnitten
- 1 Karotte, in Stifte geschnitten
- 100 g Zucchini, in Stifte geschnitten

So geht's

Die Stiele von den Mangoldblättern abschneiden, in feine Stifte schneiden und beiseitelegen. Die Avocado schälen und in lange, dünne Streifen schneiden. Dann den Zitronensaft darüberträufeln und die Streifen beiseitestellen.

Die Mangoldblätter mit der glänzenden Seite nach unten auf ein Schneidebrett legen. Jedes Blatt mit einer Putenscheibe belegen und darauf etwas Hummus verstreichen.

Mangoldstiele, Frühlingszwiebeln, Karotte und Zucchini auf die Mangoldblätter verteilen, dabei die Zutaten in der Mitte aufhäufen.

Mit den Avocadoscheiben belegen, dann die Blätter vom Stielansatz bis zur Spitze aufrollen. Mit den Nahtstellen auf das Schneidebrett legen.

Jede Rolle in dicke Scheiben schneiden und auf Serviertellern anrichten. Oder jede Rolle in Frischhaltefolie wickeln und 1 Stunde in den Kühlschrank legen. Möglichst nicht länger aufbewahren, da sich die Avocadoscheiben verfärben.

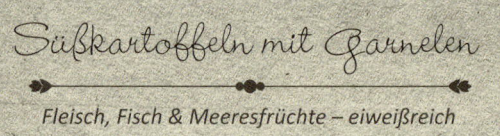

Süßkartoffeln mit Garnelen

Fleisch, Fisch & Meeresfrüchte – eiweißreich

Zutaten für 4 Personen

- 4 Süßkartoffeln (à 250 g), abgebürstet und mit einer Gabel eingestochen
- 80 g Mais, Tiefkühlware aufgetaut
- 125 g Eiertomaten, gewürfelt
- 4 Frühlingszwiebeln, fein gehackt
- 1 Mango, geschält, entsteint und gewürfelt
- 15 g frischer Koriander, fein gehackt
- 1 frischer roter Chili (nach Belieben), entkernt und fein gehackt
- Salz und Pfeffer
- 300 g gegarte, ausgelöste Garnelen
- fein abgeriebene Schale und Saft von 1 Bio-Limette
- 300 g fettreduzierter Hüttenkäse

So geht's

Den Backofen auf 200 °C vorheizen. Die Süßkartoffeln auf ein Backblech setzen und im Ofen 1 Stunde garen, bis sie weich sind.

Inzwischen Wasser in einem Topf zum Kochen bringen und den Mais darin 3 Minuten garen. Das Wasser abgießen, den Mais unter fließend kaltem Wasser abschrecken und abtropfen lassen.

Tomaten, Frühlingszwiebeln und Mango in eine Schale geben und mit Koriander, Chili (nach Belieben) und Mais vermengen. Mit Salz und Pfeffer würzen und abgedeckt im Kühlschrank ziehen lassen.

Die Garnelen mit Limettenschale und -saft in einer zweiten Schale mischen. Mit Salz und Pfeffer würzen und abgedeckt im Kühlschrank ziehen lassen.

Die Süßkartoffeln auf einen großen Teller heben, längs einschneiden und die Öffnung etwas weiten. Erst den Hüttenkäse hineingeben, dann Gemüsemischung und Garnelen darauf verteilen.

Austern Rockefeller

Fleisch, Fisch & Meeresfrüchte – eiweißreich

Zutaten für 24 Stück

- 24 große, frische Austern
- Meersalz
- 1 EL Butter
- 2 EL Olivenöl
- 6 Frühlingszwiebeln, gehackt
- 1 große Knoblauchzehe, zerdrückt
- 3 EL fein gehackter Stangensellerie
- 40 g Brunnenkresse
- 80 g junge Spinatblätter, entstielt
- 1 EL Anislikör
- 4 EL frische Semmelbrösel
- einige Tropfen scharfe Chilisauce, zum Abschmecken
- Pfeffer
- Zitronenspalten, zum Servieren

So geht's

Den Backofen auf 200 °C vorheizen. Die Austern aufbrechen und den Muskel von der unteren Schalenhälfte lösen. Das Austernwasser abgießen. Eine 1–2 cm dicke Schicht Meersalz in eine Bratform füllen, in der alle Austern nebeneinander Platz haben (oder verwenden Sie zwei Formen). Die Austernhälften so in das Salz drücken, dass sie waagerecht liegen. Mit einem großen, feuchten Tuch abdecken und kalt stellen.

Falls Sie keine Austernteller haben, vier Servierteller mit Meersalz füllen, sodass je sechs Austern nebeneinander Platz haben.

Die Hälfte der Butter mit dem Öl in einer Pfanne zerlassen. Frühlingszwiebeln, Knoblauch und Sellerie darin bei mittlerer Hitze unter häufigem Rühren 2–3 Minuten andünsten.

Restliche Butter, Brunnenkresse und Spinat zugeben und unter Rühren 1 Minute dünsten, bis das Blattgemüse zusammengefallen ist. Den Pfanneninhalt im Mixer zusammen mit Likör, Semmelbröseln, Chilisauce und Pfeffer glatt pürieren.

Auf jede Auster 2–3 Teelöffel Sauce geben und im vorgeheizten Ofen 20 Minuten backen. Die Austernhälften auf die Servierteller setzen und sofort mit Zitronenspalten servieren.

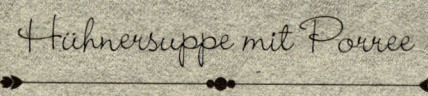

Hühnersuppe mit Porree

Fleisch, Fisch & Meeresfrüchte – eiweißreich

Zutaten für 6–8 Personen

- 1 küchenfertiges Suppenhuhn (etwa 1,3 kg)
- 2 EL Olivenöl
- 2 Zwiebeln, grob gehackt
- 2 Karotten, gehackt
- 5 Porreestangen, 2 grob gehackt, 3 in feine Ringe geschnitten
- 2 Lorbeerblätter
- Salz und Pfeffer
- 6 Backpflaumen, in Streifen geschnitten
- frische Petersilie, zum Garnieren

So geht's

Das Huhn abwischen und so viel Haut und Fett wie möglich entfernen: Die Haut auf der Brustseite lässt sich einfach mit den Fingern lösen. Die Haut auf den Keulen kann mit einem scharfen Messer mit kleinen Schnitten entfernt werden. Das Öl in einem großen Topf erhitzen. Zwiebeln, Karotten und grob gehackten Porree darin bei mittlerer Hitze 3–4 Minuten goldbraun anbraten.

Das Huhn mit den Lorbeerblättern zum Gemüse in den Topf geben. Mit so viel kaltem Wasser auffüllen, dass das Huhn knapp bedeckt ist. Salzen, pfeffern und zum Kochen bringen. Die Hitze reduzieren und bei geschlossenem Deckel 1–1½ Stunden köcheln lassen. Regelmäßig den Schaum abschöpfen.

Das Huhn aus der Brühe nehmen, das Fleisch von den Knochen lösen und in Stücke schneiden. Die Brühe durch ein feines Sieb in eine Schüssel passieren. Gemüse und Lorbeerblätter entsorgen. 1¼–1½ l Brühe zurück in den ausgespülten Topf füllen. Das Fett mit Küchenpapier aufsaugen.

Die Brühe bis zum Siedepunkt erhitzen. Porreeringe und Backpflaumen zufügen und etwa 1 Minute erhitzen.

Die Fleischstücke in die Brühe geben und erhitzen. Die Suppe in Suppenschalen füllen und sofort mit Petersilie garniert servieren.

Hähnchen-Brokkoli-Suppe

Fleisch, Fisch & Meeresfrüchte – eiweißreich

Zutaten für 4–6 Personen

- 250 g Brokkoli
- 50 g Butter
- 1 Zwiebel, gehackt
- 30 g Basmatireis
- 250 g Hähnchenbrustfilet, in feine Streifen geschnitten
- 2 EL Weizenvollkornmehl
- 300 ml Milch
- 450 ml Hühnerbrühe
- 50 g Mais aus der Dose
- Salz und Pfeffer

So geht's

Den Brokkoli in sehr kleine Röschen zerteilen und in einem Topf mit kochendem, leicht gesalzenem Wasser 3 Minuten blanchieren. Das Wasser abgießen, den Brokkoli in kaltem Wasser abschrecken, abtropfen lassen und beiseitestellen.

Die Butter bei mittlerer Hitze in einem Topf zerlassen. Zwiebel, Reis und Fleischstreifen darin 5 Minuten unter häufigem Rühren anbraten.

Den Topf vom Herd nehmen und das Mehl einstreuen. Den Topf wieder auf den Herd setzen und das Mehl unter ständigem Rühren 2 Minuten anschwitzen. Erst mit der Milch ablöschen, dann die Brühe zugießen und unter ständigem Rühren zum Kochen bringen. Die Hitze reduzieren und die Suppe 10 Minuten köcheln lassen.

Den Mais abtropfen und mit dem Brokkoli in die Suppe geben. Mit Salz und Pfeffer abschmecken. Weitere 5 Minuten erhitzen, bis der Reis gar ist. Sofort servieren.

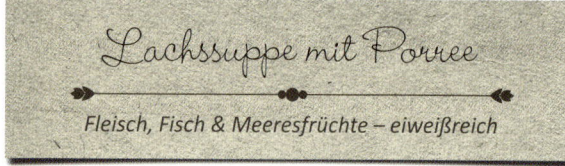

Lachssuppe mit Porree

Fleisch, Fisch & Meeresfrüchte – eiweißreich

Zutaten für 4 Personen

- 1 EL Olivenöl
- 1 große Zwiebel, fein gehackt
- 3 große Porreestangen mit Grün, in dünne Ringe geschnitten
- 1 Kartoffel, fein gewürfelt
- 450 ml Fischfond
- 1 Lorbeerblatt
- Salz und Pfeffer
- 300 g Lachsfilet ohne Haut, in 1 cm dicke Würfel geschnitten
- 80 g Sahne
- frischer Zitronensaft (nach Belieben)
- frischer Kerbel oder frische glatte Petersilie, zum Garnieren

So geht's

Das Öl bei mittlerer Hitze in einem Topf erwärmen. Zwiebel und Porree zugeben und etwa 3 Minuten andünsten. Gelegentlich umrühren.

Kartoffel, Fond, 700 ml Wasser, Lorbeerblatt und eine kräftige Prise Salz zufügen, dann aufkochen. Die Hitze reduzieren und bei geschlossenem Deckel 25 Minuten köcheln, bis das Gemüse weich ist. Gelegentlich umrühren. Das Lorbeerblatt entfernen.

Die Suppe leicht abkühlen lassen, dann portionsweise in der Küchenmaschine, im Standmixer oder mit dem Pürierstab glatt pürieren. Die Suppe zurück in den Topf geben, umrühren und bei geringer Hitze einige Minuten gründlich durchwärmen.

Den Lachs salzen, pfeffern und in die Suppe geben. Weitere 5 Minuten leicht kochen, bis der Fisch gar ist und zu zerfallen beginnt. Dabei gelegentlich rühren. Die Sahne einrühren, die Suppe mit Pfeffer und Salz sowie nach Belieben mit Zitronensaft abschmecken. In vorgewärmte Suppenschalen füllen, mit Kerbel garnieren und servieren.

Fruchtiger Floridasalat

Fleisch, Fisch & Meeresfrüchte – eiweißreich

Zutaten für 4 Personen

- 2 EL Sonnenblumenöl
- 250 g Hähnchenbrustfilet, in Scheiben geschnitten
- ¼ TL zerstoßener getrockneter roter Chili
- Salz und Pfeffer
- 1 rosa Grapefruit, geschält, filetiert (Reste aufbewahren)
- 1 Orange, geschält, filetiert (Reste aufbewahren)
- 1 kleine Mango, geschält, Fruchtfleisch vom Stein geschnitten und gewürfelt
- 225 g Weißkohl, gehobelt
- 50 g Grünkohl, in feine Streifen geschnitten

Dressing
- Saft von 1 Limette
- 1 TL Dijon-Senf
- 2-cm-Stück frische Ingwerwurzel, geschält und fein gerieben

So geht's

1 Esslöffel Öl in einer Pfanne erhitzen. Die Hähnchenscheiben zugeben. Mit Chili, etwas Salz und Pfeffer würzen und bei mittlerer bis starker Hitze 8–10 Minuten unter ein- bis zweimaligem Wenden goldbraun und gar braten. Zur Probe ein Fleischstück durchschneiden; es darf in der Mitte nicht mehr rosa sein, und der Fleischsaft muss klar aussehen. Auf einen Teller heben.

Grapefruit- und Orangenfilets in einer Salatschüssel mit Mango, Weiß- und Grünkohl mischen.

Für das Dressing den Saft aus den Grapefruit- und Orangenresten in ein Schraubglas pressen. Limettensaft, Senf, Ingwer und restliches Öl zufügen. Salzen und pfeffern, dann kräftig schütteln. Über den Salat träufeln und unterheben.

Den Salat auf vier Servierschalen aufteilen. Das Hähnchenfleisch in feine Streifen schneiden und auf den Portionen anrichten. Sofort servieren.

Salat mit Steak

Fleisch, Fisch & Meeresfrüchte – eiweißreich

Zutaten für 4 Personen

- 80 g Mehrkornbrot, in Würfel geschnitten
- fettarmes Backtrennspray
- 120 g grüne Bohnen, halbiert
- 150 g Brokkoli, in Röschen zerteilt, Stiele in Scheiben geschnitten
- 2 Rinderfiletsteaks (à 250 g), pariert
- Salz und Pfeffer
- ½ Eisbergsalat, in mundgerechten Stücken
- 150 g Salatgurke, längs halbiert, entkernt und in Scheiben geschnitten

Dressing
- 200 g fettarmer Naturjoghurt
- 2 TL Tomatenmark
- 2 TL Worcestersauce
- ½ TL Streusüße
- Salz und Pfeffer

So geht's

Den Backofen auf 200 °C vorheizen. Das Brot mit Backtrennspray besprühen und im vorgeheizten Ofen 8–10 Minuten goldbraun rösten. Inzwischen Bohnen und Brokkoli in einem Schnellkochtopf 3–5 Minuten knackig gar dämpfen. Unter fließend kaltem Wasser abschrecken und abtropfen lassen.

Für das Dressing Joghurt, Tomatenmark, Worcestersauce und Streusüße in einer Schüssel glatt rühren. Mit Salz und Pfeffer abschmecken.

Eine Grillpfanne stark erhitzen. Die Steaks mit Backtrennspray besprühen. Salzen und pfeffern. In der heißen Pfanne von jeder Seite 2 Minuten (englisch) bzw. 3 Minuten (medium) oder 4 Minuten (durchgegart) braten. Auf einen Teller heben und einige Minuten ruhen lassen. Salat, Gurke und Gemüse in eine Schüssel geben. Mit dem Dressing beträufeln und mischen. Mit dem gerösteten Brot bestreuen. Den Salat auf vier Servierschalen verteilen. Die Steaks in feine Streifen schneiden und auf dem Salat anrichten. Sofort servieren.

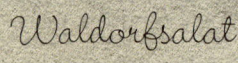

Waldorfsalat

Fleisch, Fisch & Meeresfrüchte – eiweißreich

Zutaten für 4 Personen

- 2 Rinderfiletsteaks à 200 g, 2,5 cm dick
- Oliven- oder Sonnenblumenöl, zum Einfetten
- Pfeffer
- 1 EL körniger Senf
- 150 ml Mayonnaise
- 1 EL Zitronensaft
- 500 g Äpfel
- 4 Selleriestangen, in feine Scheiben geschnitten
- 50 g Walnusskerne, in Stücke gebrochen
- 100 g gemischte grüne Salatblätter
- frisches Roggenmischbrot, zum Servieren

So geht's

Eine große Pfanne auf mittlerer Stufe erhitzen. Die Steaks von beiden Seiten mit etwas Öl bestreichen und mit Pfeffer würzen. In die heiße Pfanne legen und unter häufigem Wenden 6–7 Minuten (für blutig) oder 8–10 Minuten (für medium) braten; dabei erneut ein- bis zweimal mit Öl bestreichen. Die Steaks aus der Pfanne nehmen und ruhen lassen.

In der Zwischenzeit Senf und Mayonnaise in einer Schüssel verrühren. Den Zitronensaft in eine große Schüssel geben. Die Äpfel schälen, entkernen, in Würfel schneiden und im Zitronensaft wenden. Mayonnaisenmischung, Sellerie und Walnüsse zugeben und alles gründlich vermengen.

Die Salatblätter auf vier Teller verteilen und den Waldorfsalat darauf anrichten. Die Steaks in feine Scheiben schneiden und auf dem Waldorfsalat verteilen. Sofort mit Brot servieren.

Salat mit Räucherforelle

Fleisch, Fisch & Meeresfrüchte – eiweißreich

Zutaten für 4 Personen

- 1 rote Paprika, halbiert
- 4 geräucherte Forellenfilets à 150 g
- 4 Frühlingszwiebeln, fein gehackt
- 2 große Chicorée, halbiert und in Streifen geschnitten
- 1½ EL Reisweinessig
- ½ EL Sonnenblumenöl
- 2 EL frisch gehackte Petersilie
- Salz und Pfeffer
- einige Radicchioblätter

So geht's

Mit einem Sparschäler die Paprika in dünne Streifen schneiden. Diese dann hacken und in eine Schüssel geben.

Forelle, Frühlingszwiebeln und Chicorée dazugeben und alles gut verrühren. 1 Esslöffel Essig, Öl, Petersilie, Salz und Pfeffer unterrühren. Den restlichen Essig nach Geschmack dazugeben.

Die Schüssel abdecken und den Salat bis zum Servieren im Kühlschrank lagern. Vor dem Servieren die Radicchioblätter auf einzelne Teller verteilen. Den Salat noch einmal gut durchmischen und eventuell mit Salz und Pfeffer nachwürzen. Den Salat auf die Radicchioblätter verteilen und sofort servieren.

Salat mit Wolfsbarsch

Fleisch, Fisch & Meeresfrüchte – eiweißreich

Zutaten für 4 Personen

- 80 g Babyspinat
- 40 g Feldsalat
- 40 g roter Salatmangold
- 2 rosa Grapefruits, geschält, filetiert (Reste aufbewahren)
- 1 Orange, geschält, filetiert (Reste aufbewahren)
- 4 Wolfsbarschfilets
- fein abgeriebene Schale und Saft von 1 Bio-Limette
- Salz und Pfeffer
- 3 EL Olivenöl
- 1 TL flüssiger Honig
- 2 EL fein gehackter frischer Koriander, zum Garnieren

So geht's

Spinat, Feldsalat und Mangold waschen, abtropfen und in einer Salatschüssel mischen. Grapefruit- und Orangenfilets darauf verteilen. Den Saft aus den Resten der Zitrusfrüchte in ein Schraubglas pressen.

Den Backofengrill vorheizen und eine flache Bratform mit Alufolie auslegen. Die Fischfilets mit der Hautseite nach unten hineingeben. Mit der Limettenschale bestreuen und mit dem Limettensaft beträufeln. Salzen und pfeffern. Den Fisch wenden, salzen und pfeffern und mit 1 Esslöffel Olivenöl beträufeln. Unter einmaligem Wenden 6–8 Minuten grillen, bis die Haut gebräunt und das Fleisch nicht mehr glasig ist und auf Fingerdruck zerfällt.

Für das Dressing restliches Öl und Honig zum Zitrussaft in das Schraubglas geben. Salzen und pfeffern, dann kräftig schütteln. Das Dressing über den Salat träufeln und unterheben. Den Salat auf vier Servierteller aufteilen.

Die Fischfilets in mundgerechte Stücke teilen und auf den Salatportionen anrichten. Mit dem Koriander garnieren. Den Saft aus der Bratform darüberträufeln und sofort servieren.

Hähnchen mit Salsa

Fleisch, Fisch & Meeresfrüchte – eiweißreich

Zutaten für 4 Personen

- 1 kg kleine Hähnchenunterkeulen, ohne Haut
- 1 EL Olivenöl
- 1 Romanasalat, zerteilt (nach Belieben)
- 80 g Babyspinat (nach Belieben)

Gewürzmischung
- 1 TL zerstoßene Pimentkörner
- 1 TL zerstoßene Koriandersamen
- 1 TL Paprikapulver edelsüß
- ¼ TL frisch geriebene Muskatnuss
- 1 EL frische Thymianblätter
- 1 EL grob zerstoßene schwarze Pfefferkörner
- 1 Prise Salz

Papaya-Avocado-Salsa
- 1 Papaya, halbiert, entkernt, geschält und gewürfelt
- 2 große Avocados, entkernt, geschält und gewürfelt
- fein abgeriebene Schale und Saft von 1 Bio-Limette
- ½ frischer roter Chili, entkernt und fein gehackt
- ½ rote Zwiebel, fein gehackt
- 15 g frischer Koriander, fein gehackt
- 2 TL Chiasamen

So geht's

Den Backofen auf 200 °C vorheizen. Für die Gewürzmischung alle Zutaten in einer Schale vermengen.

Die Hähnchenkeulen zwei- bis dreimal einschneiden. In eine Bratform geben, mit dem Öl beträufeln und mit der Gewürzmischung einreiben. Die Hähnchenkeulen im vorgeheizten Ofen 30–35 Minuten knusprig braun braten. Zur Probe das Fleisch einstechen; wenn der austretende Saft klar ist, ist das Fleisch durchgegart.

Inzwischen für die Salsa Papaya und Avocados in einer Schale vermengen. Limettenschale und -saft, Chili, Zwiebel, Koriander und Chiasamen untermischen.

Salat und Spinat, falls verwendet, mischen. Zu den gebratenen Keulen und der Papaya-Avocado-Salsa reichen.

Grünes Thai-Curry

Fleisch, Fisch & Meeresfrüchte – eiweißreich

Zutaten für 4 Personen

- 2 EL Kokosöl
- 2 EL grüne Thai-Currypaste
- 500 g Hähnchenbrustfilet, gewürfelt
- 2 Kaffir-Limettenblätter, zerzupft
- 1 Stängel Zitronengras, fein gehackt
- 225 ml Kokosmilch
- 16 Babyauberginen, halbiert
- 2 EL Thai-Fischsauce
- frisches Thai-Basilikum und einige Kaffir-Limettenblätter, in feinen Streifen, zum Garnieren

So geht's

Einen Wok auf mittlerer Stufe erhitzen. Das Öl zugeben und 30 Sekunden erwärmen. Die Currypaste in den Wok geben und kurz rühren, damit sich die Aromen entfalten können.

Fleisch, Kaffir-Limettenblätter und Zitronengras in den Wok geben und 3–4 Minuten pfannenrühren, bis das Hähnchenfleisch Farbe annimmt. Kokosmilch und Auberginen hinzufügen und 8–10 Minuten köcheln lassen, bis die Auberginen weich sind.

Die Fischsauce unterrühren, mit Thai-Basilikum und Kaffir-Limettenblättern garnieren und sofort servieren.

Putenschnitzel mit Ofengemüse

Fleisch, Fisch & Meeresfrüchte – eiweißreich

Zutaten für 4 Personen

- 3 EL Olivenöl
- 500 g Kürbis, entkernt, geschält und in große Würfel geschnitten
- 400 g Süßkartoffeln, in große Würfel geschnitten
- 200 g Babykarotten, größere Exemplare längs halbiert
- 1 kleiner Blumenkohl, in großen Röschen
- 450 g Putenschnitzel (1,5 cm dick)

Gewürzmischung
- 2 EL Sesamsaat
- 2 EL Sonnenblumenkerne
- 2 TL Paprikapulver edelsüß
- je 1 TL zerstoßene Koriander-, Fenchel- und Kreuzkümmelsamen
- Salz und Pfeffer

So geht's

Den Backofen auf 200 °C vorheizen. Das Öl in eine große Bratform geben und im Ofen 5 Minuten erhitzen. Inzwischen für die Gewürzmischung alle Zutaten in einer Schale mischen.

Kürbis, Süßkartoffeln und Karotten in die Bratform geben und im heißen Öl wenden, dann 15 Minuten im Ofen garen. Den Blumenkohl untermischen, sodass auch dieser mit Öl überzogen ist. Dann das Gemüse an die Formränder schieben und die Putenschnitzel nebeneinander in die Mitte legen.

Fleisch und Gemüse gleichmäßig mit der Gewürzmischung bestreuen und im Ofen 20–25 Minuten garen, bis das Gemüse weich und das Fleisch goldbraun und durchgegart ist. Zur Probe das Fleisch einstechen; der austretende Saft sollte klar sein.

Putenschnitzel und Gemüse auf vier Tellern anrichten und sofort servieren.

Schweinefilet mit Supersalat

Fleisch, Fisch & Meeresfrüchte – eiweißreich

Zutaten für 4 Personen

- 150 g Zartweizen
- 25 g frische glatte Petersilie, grob gehackt
- 50 g Grünkohl, in feine Streifen geschnitten
- 1 Granatapfel, Fruchtkerne ausgelöst
- 1 EL Olivenöl
- 500 g Schweinemedaillons, pariert
- 2 Knoblauchzehen, fein gehackt
- Salz und Pfeffer

Dressing
- 50 g Walnusskerne, grob gehackt
- 3 EL natives Olivenöl extra
- 3 TL Granatapfelsirup
- Saft von 1 Zitrone

So geht's

Den Weizen in kochendem Wasser 25–30 Minuten garen. Abtropfen lassen.

Inzwischen für das Dressing die Walnüsse in einer großen Pfanne 2–3 Minuten trocken rösten, bis sie zu bräunen beginnen. Olivenöl, Granatapfelsirup und Zitronensaft in einer Schale mit einer Gabel verquirlen. Mit Salz und Pfeffer abschmecken, dann die heißen Walnüsse untermischen.

Petersilie, Grünkohl und Granatapfelkerne in einer großen Schüssel vermengen.

Das Olivenöl in einer Pfanne erhitzen. Medaillons und Knoblauch hineingeben. Mit Salz und Pfeffer würzen und von jeder Seite 5 Minuten braten, bis die Medaillons durchgegart sind. Zum Test ein Medaillon halb einschneiden; wenn der austretende Saft klar ist, ist das Fleisch fertig. Die Medaillons in Streifen schneiden.

Den Weizen unter die Grünkohlmischung heben. Auf einer Servierplatte anrichten und mit dem Dressing beträufeln. Die Fleischstreifen darauf verteilen und sofort servieren.

Gefüllte Paprika

Fleisch, Fisch & Meeresfrüchte – eiweißreich

Zutaten für 4 Personen

- 4 große rote Paprika, mit Stiel längs halbiert, entkernt
- 1 EL Olivenöl
- 1 rote Zwiebel, fein gehackt
- 400 g mageres Rinderhackfleisch
- 2 Knoblauchzehen, fein gehackt
- ¼ TL geräuchertes scharfes Paprikapulver oder Chilipulver
- 1 TL gemahlener Kreuzkümmel
- 400 g Kichererbsen aus der Dose, abgetropft
- 400 g grüne Linsen aus der Dose, abgespült und abgetropft
- 400 g gehackte Tomaten aus der Dose
- 125 ml Rinderbrühe
- Salz und Pfeffer
- 175 g Naturjoghurt (0,1 % Fettgehalt; nach Belieben)
- 15 g frische Minze, grob gehackt
- 15 g frische glatte Petersilie, grob gehackt

So geht's

Den Backofen auf 180 °C vorheizen. Die Paprikahälften mit den Schnittseiten nach oben in eine große Auflaufform setzen.

Das Öl in einer Pfanne erhitzen. Zwiebel, Hackfleisch und Knoblauch darin bei mittlerer Hitze 5 Minuten unter Rühren gleichmäßig anbräunen.

Paprikapulver und Kreuzkümmel untermischen, dann Kichererbsen, Linsen, Tomaten und Brühe zufügen und mit Salz und Pfeffer würzen. Die Hitze auf starke Stufe erhöhen und die Mischung einmal aufkochen. Die Pfanne vom Herd nehmen.

Die Hackfleischmasse in die Paprikahälften füllen. Die Form mit Alufolie abdecken und im vorgeheizten Ofen 50 Minuten garen, bis die Paprika weich und die Füllung durchgegart ist.

Die Alufolie abnehmen. Die Paprika mit je 1 Esslöffel Joghurt, falls verwendet, garnieren und mit den Kräutern bestreuen. Sofort servieren.

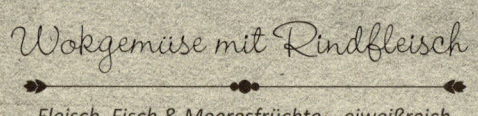

Wokgemüse mit Rindfleisch

Fleisch, Fisch & Meeresfrüchte – eiweißreich

Zutaten für 2 Personen

- 2 TL Olivenöl
- 140 g Rindersteak, pariert und in feine Streifen geschnitten
- 1 orange Paprika, in feine Streifen geschnitten
- 4 Frühlingszwiebeln, fein gehackt
- 1–2 frische Jalapeño-Chilis, entkernt und in feine Streifen geschnitten
- 2 Knoblauchzehen, fein gehackt
- 120 g Zuckererbsen, schräg halbiert
- 120 g große Champignons, in Scheiben geschnitten
- 2 TL Hoisin-Sauce
- 1 EL Orangensaft
- 80 g Rucola oder Brunnenkresse
- 4 EL süße Chilisauce, zum Servieren (nach Belieben)

So geht's

Das Öl 30 Sekunden in einem Wok erhitzen. Das Rindfleisch darin bei mittlerer bis starker Hitze 1 Minute unter Rühren anbräunen. Mit einem Schaumlöffel auf einen Teller heben.

Paprika, Frühlingszwiebeln, Chilis und Knoblauch in den Wok geben und 2 Minuten pfannenrühren. Zuckererbsen und Pilze zufügen und 2 Minuten mitbraten.

Das Fleisch wieder in den Wok geben. Hoisin-Sauce und Orangensaft zugießen und 2–3 Minuten pfannenrühren, bis das Fleisch gegart und das Gemüse knackig gar ist. Den Rucola untermischen und zusammenfallen lassen. Sofort servieren, nach Belieben Chilisauce dazu reichen.

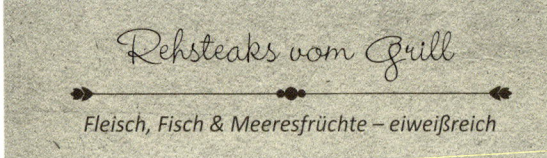

Fleisch, Fisch & Meeresfrüchte – eiweißreich

Zutaten für 4 Personen

- 4 Rehsteaks
- frische Thymianzweige, zum Garnieren

Marinade
- 150 ml Rotwein
- 2 EL Olivenöl
- 1 EL Rotweinessig
- 1 Zwiebel, gehackt
- 1 EL frisch gehackte Petersilie
- 1 EL frisch gehackter Thymian
- 1 Lorbeerblatt
- 1 TL Honig
- ½ TL Senf, mittelscharf
- Salz und Pfeffer

So geht's

Die Steaks in eine flache Schüssel legen. Für die Marinade alle Zutaten in eine Schüssel geben, mit Salz und Pfeffer würzen und sorgfältig verrühren. Die Marinade über die Steaks geben, abdecken und über Nacht im Kühlschrank marinieren. Die Steaks gelegentlich wenden, damit das Fleisch immer gut mit der Marinade bedeckt ist.

Den Backofengrill auf höchster Stufe vorheizen. Die Steaks von jeder Seite 2 Minuten unter dem heißen Grill anbraten, sodass die Poren sich verschließen.

Den Grill auf mittlere Stufe schalten und die Steaks weitere 4–10 Minuten auf jeder Seite braten, je nach gewünschter Garstufe. Stechen Sie die Spitze eines Messers ins Fleisch, um zu testen, ob die Steaks die gewünschte Garstufe erreicht haben. Je klarer der Fleischsaft ist, desto garer ist das Steak.

Die Steaks auf Tellern anrichten, mit frischen Thymianzweigen garnieren und sofort servieren.

Lachs & Muscheln mit Koriander

Fleisch, Fisch & Meeresfrüchte – eiweißreich

Zutaten für 6 Personen

- 6 EL Erdnussöl
- 280 g Lachssteak, ohne Haut, in 2,5 cm große Würfel geschnitten
- 225 g frische Jakobsmuscheln, ausgelöst
- 3 Karotten, in feine Scheiben geschnitten
- 2 Selleriestangen, in 2,5 cm lange Stücke geschnitten
- 2 gelbe Paprika, in feine Streifen geschnitten
- 175 g Austernpilze, in feine Streifen geschnitten
- 1 Knoblauchzehe, zerdrückt
- 6 EL frisch gehackter Koriander
- 3 Schalotten, in feine Streifen geschnitten
- Saft von 2 Limetten
- 1 TL fein abgeriebene Bio-Limettenschale
- 1 TL getrocknete rote Chiliflocken
- 3 EL trockener Sherry
- 3 EL Sojasauce
- gekochte asiatische Nudeln, zum Servieren

So geht's

Das Öl in einer großen Pfanne oder einem Wok erhitzen. Lachs und Jakobsmuscheln darin bei mittlerer Hitze 3 Minuten unter Rühren anbraten. Aus der Pfanne nehmen und warm halten.

Karotten, Sellerie, Paprika, Pilze und Knoblauch in die Pfanne geben und 3 Minuten pfannenrühren. Koriander und Schalotten untermischen.

Limettensaft und -schale, Chiliflocken, Sherry und Sojasauce unterrühren. Lachs und Jakobsmuscheln zurück in die Pfanne geben und 1 Minute mitgaren. Auf vorgewärmten Serviertellern auf einem Nudelbett anrichten und sofort servieren.

Ingwerlachs mit Gemüse

Fleisch, Fisch & Meeresfrüchte – eiweißreich

Zutaten für 4 Personen

- 4 Lachsfilets (à 150 g), ohne Haut
- 5-cm-Stück frische Ingwerwurzel, geschält und fein gehackt
- 3 Knoblauchzehen, fein gehackt
- 1 frischer roter Chili, entkernt und fein gehackt
- 3 EL Tamari oder eine andere Sojasauce
- 200 g Brokkoli, in kleine Röschen zerteilt
- 1 EL Sonnenblumenöl
- 1 großer Porree, in Ringe geschnitten
- 120 g Grünkohl, in feine Streifen geschnitten
- 2 EL Reiswein
- Saft von 1 Orange

So geht's

Den Backofengrill vorheizen und den Boden einer Grillpfanne mit Alufolie belegen. Die Ränder nach oben schlagen, sodass eine Schale entsteht. Die Lachsfilets hineinlegen und mit je der Hälfte von Ingwer, Knoblauch und Chili bestreuen. Mit 1 Esslöffel Tamari beträufeln. Unter einmaligem Wenden 8–10 Minuten goldbraun grillen, bis sich das Fleisch leicht mit einem Messer lösen lässt.

Inzwischen Brokkoli und 100 ml Wasser in einen Wok oder eine große Pfanne geben, einen Deckel aufsetzen und bei mittlerer bis starker Hitze 3–4 Minuten knackig gar dünsten. Das Kochwasser abgießen.

Das Öl in den Wok geben und die Hitze erhöhen. Porree, Grünkohl und restlichen Ingwer, Knoblauch und Chili im heißen Fett 2–3 Minuten pfannenrühren, bis der Kohl zusammenfällt.

Restliche Tamari, Reiswein und Orangensaft unterrühren und 1 weitere Minute garen. Auf vier Servierteller verteilen. Den Lachs in mundgerechte Stücke teilen und auf dem Gemüse anrichten. Sofort servieren.

Thunfisch mit Radieschen

Fleisch, Fisch & Meeresfrüchte – eiweißreich

Zutaten für 4 Personen

- 4 Thunfischsteaks à 150 g
- 1 EL Sesamsaat
- gekochter Reis, zum Servieren (nach Belieben)

Marinade
- 2 EL dunkle Sojasauce
- 2 EL Sonnenblumenöl
- 1 EL Sesamöl
- 1 EL Reisessig
- 1 TL frisch geriebene Ingwerwurzel

Relish
- ½ Salatgurke, geschält
- 1 Bund Radieschen

So geht's

Die Thunfischsteaks auf einen Teller legen und mit dem Sesam bestreuen. Mit einem Löffelrücken fest ins Fleisch drücken.

Für die Marinade alle Zutaten verrühren. 3 Esslöffel davon in eine mittelgroße Schüssel geben, die restliche Marinade über den Fisch gießen. Den Fisch in der Marinade wenden, abdecken und 1 Stunde in den Kühlschrank stellen.

Für das Relish Gurke und Radieschen in feine Scheiben schneiden und in der Schüssel mit der Marinade wenden. Abdecken und in den Kühlschrank stellen.

Eine große, schwere Pfanne auf hoher Stufe erhitzen. Die Steaks hineingeben und von jeder Seite – je nach Dicke – 3–4 Minuten braten. Sofort mit dem Relish sowie, nach Belieben, mit gekochtem Reis servieren.

Tipp

Verwenden Sie zum Braten des Fisches eine gerippte Grillpfanne oder grillen Sie ihn auf dem Holzkohlegrill. Dadurch bekommt er ein besonderes Aroma.

*Reich an Ballaststoffen:
Getreide, Hülsenfrüchte & Co.*

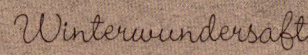

Winterwundersaft

Reich an Ballaststoffen: Getreide, Hülsenfrüchte & Co.

Zutaten für 1 Person

- 1 Pastinake, halbiert
- 2 Karotten, halbiert, plus 2 Karottensticks zum Garnieren
- 1 Knoblauchzehe
- 2 Äpfel, halbiert
- 2 EL zarte Haferflocken
- 1 EL Weizenkeime
- 2 TL flüssiger Honig
- 1 kleine Handvoll Eiswürfel (nach Belieben)

So geht's

Erst Pastinake, Karotten und Knoblauch und dann die Äpfel entsaften. Haferflocken und Weizenkeime im Mixer fein mahlen. Anschließend Honig und Pastinakensaft zufügen und alles zu einer glatten Mischung verarbeiten.

Ein Glas zur Hälfte mit Eis, falls verwendet, füllen. Den Saft dazugießen, die Karottensticks hineinstecken und sofort servieren.

Jumbo-Rüblicookies

Reich an Ballaststoffen: Getreide, Hülsenfrüchte & Co.

Zutaten für 12 Stück

- 100 g Leinsamen
- 80 g Weizenvollkornmehl
- 70 g zarte Haferflocken
- 1 TL Backpulver
- 1 TL gemahlener Ingwer
- 2 TL Zimt
- 80 g getrocknete Aprikosen, fein gehackt
- 1 Tafelapfel, entkernt und geraspelt
- 1 Karotte, gerieben
- 40 g Pekannusskerne, grob gehackt
- 3 EL Kokosöl
- 125 ml Ahornsirup
- fein abgeriebene Schale von ½ Bio-Orange
- 3 EL frisch ausgepresster Orangensaft
- 4 EL getrocknete Kokoschips

So geht's

Den Backofen auf 180 °C vorheizen und zwei Backbleche mit Backpapier auslegen.

Die Leinsamen im Mixer fein mahlen und in eine große Schüssel geben. Erst Mehl, Haferflocken, Backpulver, Ingwer und Zimt untermischen, dann Aprikosen, Apfel, Karotte und Pekannüsse.

Das Kokosöl in einem kleinen Topf (oder 30 Sekunden in der Mikrowelle) erwärmen, bis es flüssig ist. Den Topf vom Herd nehmen und Ahornsirup, Orangenschale und -saft unterrühren. Zu den Trockenzutaten gießen und zu einem weichen Teig verarbeiten.

Den Teig in zwölf Portionen auf die vorbereiteten Bleche setzen und zu etwa 7,5 cm dicken Cookies flach drücken. Die Kokoschips darauf verteilen und im vorgeheizten Ofen 15–18 Minuten goldbraun backen.

Zum Servieren die Cookies einige Minuten abkühlen, dann auf ein Kuchengitter heben und auskühlen lassen. Sie halten sich in einem luftdicht schließenden Behälter bis zu 3 Tage im Kühlschrank.

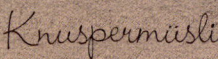

Knuspermüsli

Reich an Ballaststoffen: Getreide, Hülsenfrüchte & Co.

Zutaten für 6–8 Personen

- 250 g Haferflocken
- 2 säuerliche Äpfel, geschält und gewürfelt
- 100 g getrocknete Feigen, gehackt
- 50 g Mandelblättchen
- 2 EL klarer Honig
- ½ TL Zimt
- 2–3 Tropfen Vanilleessenz
- 1 TL zerlassene Butter, zum Einfetten
- Joghurt (10 % Fett), zum Servieren

So geht's

Den Ofen auf 160 °C vorheizen. Haferflocken, Äpfel, Feigen und Mandeln in einer großen Schüssel vermischen. Honig, 50 ml Wasser, Zimt und Vanilleessenz in einem Topf zum Kochen bringen. Dann die Haferflockenmischung dazugeben und unterrühren, bis alle Zutaten mit dem Sirup bedeckt sind.

Ein Backblech mit der Butter einfetten und die Müslimischung darauf verteilen. 40–45 Minuten im Ofen backen, bis das Müsli goldbraun ist. Während des Backens immer wieder mit einer Gabel durchmischen und einzelne Klumpen auseinanderbrechen.

Das fertige Müsli auf ein sauberes Backblech heben und abkühlen lassen. Luftdicht verschlossen hält sich das Müsli etwa 1 Woche. Zusammen mit griechischem Joghurt servieren.

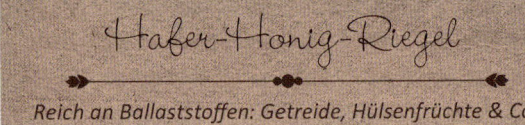

Hafer-Honig-Riegel

Reich an Ballaststoffen: Getreide, Hülsenfrüchte & Co.

Zutaten für 16 Stück

- 170 g Butter, plus etwas mehr zum Einfetten
- 3 EL Honig
- 150 g Rohrohrzucker
- 100 g feine Erdnussbutter
- 225 g Haferflocken
- 50 g getrocknete Aprikosen, gehackt
- 2 EL Sonnenblumenkerne
- 2 EL Sesamsaat

So geht's

Den Backofen auf 180 °C vorheizen. Eine quadratische Backform (22 cm x 22 cm) einfetten.

Die Butter mit Honig und Zucker bei kleiner Hitze in einem Topf zerlassen. Wenn sich der Zucker aufgelöst hat, die Erdnussbutter zufügen und rühren, bis eine glatte Masse entstanden ist. Die restlichen Zutaten sorgfältig unterrühren.

Die Masse in die vorbereitete Form drücken und im vorgeheizten Ofen 20 Minuten backen. Aus dem Ofen nehmen und in der Form auskühlen lassen. Dann in 16 Stücke schneiden und servieren.

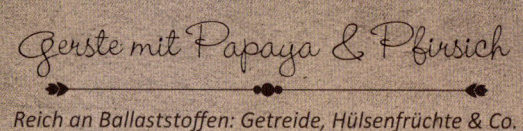

Gerste mit Papaya & Pfirsich

Reich an Ballaststoffen: Getreide, Hülsenfrüchte & Co.

Zutaten für 4 Personen

- 80 g Gerstenflocken
- 80 g zarte Haferflocken
- 750 ml ungesüßte Mandelmilch
- 4 TL Macapulver
- 2 Pfirsiche, halbiert, entsteint und in Scheiben geschnitten
- 1 Papaya, halbiert, entkernt, geschält und in Scheiben geschnitten
- 4 TL flüssiger Honig, plus etwas mehr zum Servieren
- ½ TL Zimt

So geht's

Gersten- und Haferflocken, 350 ml kaltes Wasser und Mandelmilch in einem Topf bei mittlerer bis starker Hitze zum Kochen bringen. Die Hitze auf mittlere Stufe reduzieren und alles 5–10 Minuten unter häufigem Rühren kochen, bis der Brei eingedickt ist. Das Macapulver unterrühren.

Inzwischen den Backofengrill vorheizen. Den Ofenrost mit Alufolie belegen. Pfirsich- und Papayaspalten darauf verteilen. Mit dem Honig beträufeln und mit dem Zimt bestäuben. Dann 3–4 Minuten grillen, bis die Früchte heiß sind und zu karamellisieren beginnen.

Den Brei in vier Schalen füllen. Die Früchte darauf verteilen und nach Belieben mit etwas Honig beträufeln.

Bohnendip mit Minze & Rohkost

Reich an Ballaststoffen: Getreide, Hülsenfrüchte & Co.

Zutaten für 4 Personen

- 350 g frische dicke Bohnen, ausgelöst
- 2 EL natives Olivenöl extra
- 1 TL zerstoßene Kreuzkümmelsamen
- 3 Frühlingszwiebeln, in feine Ringe geschnitten
- 2 Knoblauchzehen, fein gehackt
- 25 g frische Minze, Blätter zerzupft
- 25 g frische glatte Petersilie, fein gehackt
- Saft von 1 Zitrone
- 60 g griechischer Naturjoghurt
- Meersalz und Pfeffer

Zum Servieren
- je 1 rote und 1 gelbe Paprika, in Streifen geschnitten
- 4 Selleriestangen, in Streifen geschnitten
- ½ Salatgurke, halbiert, entkernt und in Streifen geschnitten
- 1 Pita-Brot, in Streifen geschnitten

So geht's

Einen Dampfgarer mit Wasser befüllen, dieses zum Kochen bringen und die Bohnenkerne in den Einsatz legen. Den Deckel auflegen und die Bohnen 10 Minuten dämpfen, bis sie weich sind.

Inzwischen das Öl auf mittlerer Stufe in einer Pfanne erhitzen. Kreuzkümmel, Frühlingszwiebeln und Knoblauch darin etwa 2 Minuten anschwitzen, bis die Zwiebeln weich sind.

Die Bohnen in eine Küchenmaschine oder einen Standmixer geben, Zwiebelmischung, Kräuter, Zitronensaft und Joghurt zufügen und mit Salz und Pfeffer würzen. Zu einem groben Püree mixen, dann in eine große Schale füllen und diese auf einen großen Servierteller setzen.

Die Gemüsestreifen um den Dip herum anrichten und mit den Brotstreifen servieren.

Würzige Kichererbsen

Reich an Ballaststoffen: Getreide, Hülsenfrüchte & Co.

Zutaten für 4 Personen

- 2 EL Olivenöl
- 1 TL grob zerstoßene Kreuzkümmelsamen
- 1 TL geräuchertes Paprikapulver
- ¼ TL gemahlener Piment
- ¼ TL Zimt
- ½ TL Meersalz
- 800 g Kichererbsen aus der Dose, abgetropft
- 2 EL Dattelsirup

So geht's

Den Backofen auf 200 °C vorheizen. Das Öl auf ein tiefes Backblech geben und 3–4 Minuten im Ofen erhitzen.

Kreuzkümmelsamen, Paprikapulver, Piment, Zimt und Salz in einer kleinen Schüssel gut vermischen.

Die Kichererbsen auf das Backblech geben, mit dem Dattelsirup beträufeln und mit der Gewürzmischung bestreuen. Alles durchmischen und 15–20 Minuten im vorgeheizten Ofen unter einmaligem Rühren knusprig goldbraun rösten.

Die würzigen Kichererbsen in eine Schüssel füllen und vor dem Servieren abkühlen lassen. Eventuelle Kichererbsenreste in einen Kunststoffbehälter geben und im Kühlschrank lagern.

Bruschetta mit Superbelag

Reich an Ballaststoffen: Getreide, Hülsenfrüchte & Co.

Zutaten für 4 Personen

- 800 g Cannellini-Bohnen aus der Dose
- 1 kleine Knoblauchzehe, zerdrückt
- 2 EL natives Olivenöl extra, plus etwas mehr zum Beträufeln
- 1 TL Zitronensaft
- 1 EL frisch gehackte glatte Petersilie
- ¾ TL frisch gehackter Rosmarin
- Meersalz und Pfeffer
- 25 g Rucola
- 8–10 Scheiben Sauerteigbrot
- 16–20 Miniromatomaten, geviertelt

So geht's

Die Bohnen abspülen und abtropfen lassen, dann mit Knoblauch, Öl, Zitronensaft, Petersilie und Rosmarin in einer großen Schüssel vermengen. Mit Meersalz und Pfeffer würzen und mit der Gabel zu einem groben Püree zerdrücken.

Große Rucolablätter grob hacken. Den Backofengrill auf mittlerer Stufe vorheizen.

Das Brot unter den vorgeheizten Grill legen und von beiden Seiten rösten.

Das gegrillte Brot dick mit dem Bohnenpüree bestreichen. Den Rucola darauf verteilen und mit den Tomatenvierteln belegen. Mit Meersalz und Pfeffer würzen, mit etwas Öl beträufeln und sofort servieren.

Linsensuppe mit Spinat

Reich an Ballaststoffen: Getreide, Hülsenfrüchte & Co.

Zutaten für 4 Personen

- 1 TL Pflanzenöl
- 1 Zwiebel, fein gehackt
- 2 Knoblauchzehen, fein gehackt
- 2 Selleriestangen, fein gehackt
- 200 g Karotten, klein gewürfelt
- ½ TL Chilipulver
- 1 TL geräuchertes Paprikapulver
- 1 TL Kreuzkümmelsamen
- 200 g rote Linsen, abgespült
- 1 l Gemüsebrühe
- Salz und Pfeffer
- 50 g junge Spinatblätter, grob gehackt
- 100 g Cocktailtomaten, halbiert
- 4 EL Naturjoghurt, zum Servieren (nach Belieben)
- 4 Pita-Brote, in Streifen, zum Servieren (nach Belieben)

So geht's

Das Öl in einem großen Topf erhitzen. Zwiebel, Knoblauch, Sellerie und Karotten darin bei mittlerer Hitze 4–5 Minuten dünsten, bis sie weich werden. Chili- und Paprikapulver sowie Kreuzkümmelsamen zufügen und 1 Minute unter Rühren mitgaren.

Linsen und Brühe zufügen. Mit Salz und Pfeffer würzen und 10 Minuten kochen. Dann die Hitze auf niedrige Stufe reduzieren und bei aufgesetztem Deckel 20–25 Minuten sanft köcheln lassen, bis das Gemüse weich und die Linsen zerfallen sind.

Spinat und Tomaten zugeben und 5 Minuten erhitzen, bis der Spinat zusammengefallen ist. Abschmecken. Die Suppe in vier Schalen füllen und nach Belieben mit Joghurt und Pita-Brot servieren.

Herzhafte Graupensuppe

Reich an Ballaststoffen: Getreide, Hülsenfrüchte & Co.

Zutaten für 4–6 Personen

- 2 EL Rapsöl
- 1 Zwiebel, fein gehackt
- 1 Selleriestange, fein gehackt
- 1 Knoblauchzehe, zerdrückt
- 1,5 l Gemüsebrühe oder Wasser
- 80 g Rollgerste (Graupen), abgespült
- 1 Bouquet garni aus 1 Lorbeerblatt, frischen Thymianzweigen und Petersilienstängeln
- 2 Karotten, gewürfelt
- 400 g gehackte Tomaten aus der Dose
- 1 Prise Zucker
- ½ Wirsing, in feine Streifen geschnitten
- Salz und Pfeffer
- 2 EL frisch gehackte Petersilie, zum Garnieren
- Vollkornbrot, zum Servieren

So geht's

Das Öl in einem großen Topf erhitzen. Zwiebel, Sellerie und Knoblauch darin bei mittlerer Hitze 5–7 Minuten weich dünsten.

Mit der Brühe ablöschen und zum Kochen bringen. Dabei den Schaum von der Oberfläche abschöpfen. Gerste und Bouquet garni zufügen, die Hitze auf kleine Stufe stellen und alles abgedeckt 30–60 Minuten garen, bis das Getreide weich zu werden beginnt.

Karotten, Tomaten samt Saft sowie Zucker zufügen. Rasch zum Kochen bringen, dann die Hitze auf kleine Stufe reduzieren und bei geschlossenem Deckel weitere 30 Minuten garen, bis Gerste und Karotten sehr weich sind.

Das Bouquet garni entfernen. Die Wirsingstreifen unterrühren und den Eintopf mit Salz und Pfeffer würzen. 10–15 Minuten köcheln lassen, bis die Kohlstreifen zusammenfallen. In vorgewärmte Suppenschalen füllen und mit der Petersilie garnieren. Sofort mit Vollkornbrot servieren.

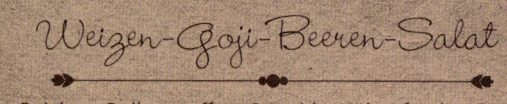

Weizen-Goji-Beeren-Salat

Reich an Ballaststoffen: Getreide, Hülsenfrüchte & Co.

Zutaten für 4 Personen

- 600 ml Gemüsebrühe
- 150 g Zartweizen
- 40 g getrocknete Goji-Beeren
- 2 Karotten
- 120 g Grünkohl, in Streifen geschnitten

Dressing

- 50 g Haselnusskerne, grob gehackt
- 2 EL Sesamsaat
- 2 EL Sonnenblumenkerne
- 2 EL Sojasauce
- 2 EL Sesamöl
- Saft von ½ Orange

So geht's

Die Brühe in einem Topf zum Kochen bringen. Den Zartweizen zufügen und 25 Minuten köcheln, bis das Getreide gar ist. Gut abtropfen lassen und mit den Goji-Beeren in eine Salatschüssel geben.

Für das Dressing Haselnüsse, Sesam und Sonnenblumenkerne in einer Pfanne bei mittlerer bis starker Hitze 3–4 Minuten trocken rösten, bis sie goldbraun sind. Die Pfanne vom Herd nehmen, die Sojasauce zufügen und 1 Minute abkühlen lassen. Sesamöl und Orangensaft unterrühren. Die Hälfte des Dressings über den Zartweizen geben und untermischen. Erkalten lassen.

Die Karotten mit einem Gemüseschäler in lange, feine Streifen schneiden. Mit dem Grünkohl unter den Salat mischen. Mit dem restlichen Dressing beträufeln und sofort servieren.

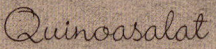

Quinoasalat

Reich an Ballaststoffen: Getreide, Hülsenfrüchte & Co.

Zutaten für 4 Personen

- 900 ml Gemüsebrühe
- 225 g Quinoa, abgespült
- 3 unbehandelte Orangen
- 250 g Fenchel, in feine Scheiben gehobelt, Fenchelgrün zum Garnieren aufbewahrt
- 2 Frühlingszwiebeln, fein gehackt
- 15 g frische glatte Petersilie, grob gehackt

Dressing
- Saft von ½ Zitrone
- 3 EL natives Olivenöl extra
- Pfeffer

So geht's

Die Brühe in einem Topf zum Kochen bringen. Die Quinoa darin 10–12 Minuten garen, bis die Körner außen glasig und innen weiß sind. Die Brühe abgießen und die Quinoa abtropfen lassen. In eine Salatschüssel geben und erkalten lassen.

Die Schale von zwei Orangen abreiben und in ein Schraubglas geben. Alle Orangen über einer Schüssel großzügig schälen, sodass auch die weiße Innenschale entfernt wird. Die Filets zwischen den Trennhäuten herauslösen und den Saft aus den Orangenresten in das Schraubglas drücken.

Orangenfilets, Fenchel, Frühlingszwiebeln und Petersilie unter die Quinoa mischen.

Für das Dressing Zitronensaft und Öl in das Schraubglas füllen und mit Pfeffer würzen. Zuschrauben und kräftig schütteln. Über den Salat träufeln. Mit dem Fenchelgrün garnieren und sofort servieren.

Bohnensalat mit Tomaten

Reich an Ballaststoffen: Getreide, Hülsenfrüchte & Co.

Zutaten für 4 Personen

- 250 g getrocknete Borlotti-Bohnen, mindestens 8 Stunden oder über Nacht eingeweicht
- 2 große Knoblauchzehen, zerdrückt
- Saft von 2 Zitronen
- 6 EL natives Olivenöl extra
- Salz und Pfeffer
- 1 kleine Zwiebel, fein gehackt
- 2 Tomaten, entkernt und klein gewürfelt
- 40 g frische glatte Petersilie, fein gehackt
- 1 TL zerstoßene Kreuzkümmelsamen

Garnierung
- 4 Eier
- 1 Zitrone, geviertelt
- 1 Prise Sumach oder zerstoßener getrockneter roter Chili

So geht's

Die Bohnen abtropfen lassen und in einen großen Topf geben. Mit frischem, kaltem Wasser bedecken und 10 Minuten sprudelnd kochen. Das Wasser abgießen und die Bohnen abspülen. Mit frischem, kaltem Wasser erneut auf den Herd setzen und 1½–2 Stunden köcheln, bis sie gar sind. Bei Bedarf weiteres Wasser zugießen. Die Bohnen abtropfen lassen und in eine flache Servierform füllen.

Für die Garnierung die Eier in einem Topf mit Wasser bedecken und 8 Minuten hart kochen. Unter fließend kaltem Wasser abschrecken, schälen und vierteln.

Einige Bohnen noch warm in eine Schüssel geben und mit einem Löffelrücken zerdrücken. Mit Knoblauch, Zitronensaft, Olivenöl und 1 Teelöffel Salz glatt rühren. Über die Bohnen geben. Zwiebel, Tomaten, Petersilie und Kreuzkümmel zufügen und alles vermengen. Mit Pfeffer abschmecken. Mit Eiervierteln und Zitronenspalten garnieren. Mit Sumach bestreuen und sofort servieren.

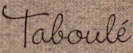

Taboulé

Reich an Ballaststoffen: Getreide, Hülsenfrüchte & Co.

Zutaten für 4 Personen

- 175 g Quinoa
- 10 vollreife Cocktailtomaten, halbiert
- 7,5-cm-Stück Salatgurke, längs geviertelt und in Scheiben geschnitten
- 3 Frühlingszwiebeln, fein gehackt
- Saft von ½ Zitrone
- 2 EL natives Olivenöl extra
- 4 EL frisch gehackte Minze
- 4 EL frisch gehackter Koriander
- 4 EL frisch gehackte Petersilie
- Salz und Pfeffer

So geht's

Die Quinoa in einen ausreichend großen Topf geben und 600 ml Wasser dazugießen. Zum Kochen bringen, dann die Hitze reduzieren, abdecken und auf niedriger Stufe 15 Minuten köcheln. Danach abgießen, falls noch Restflüssigkeit vorhanden ist.

Die Quinoa kurz abkühlen lassen, dann mit den restlichen Zutaten in eine große Schüssel geben. Alles sorgfältig mischen und nach Geschmack mit Salz und Pfeffer würzen.

Buchweizensalat

Reich an Ballaststoffen: Getreide, Hülsenfrüchte & Co.

Zutaten für 4 Personen

- 2 EL Olivenöl
- 1 Zwiebel, gehackt
- 2 Knoblauchzehen, zerdrückt
- 200 g Buchweizen
- 400 g gehackte Tomaten aus der Dose
- ½ TL Tomatenmark
- 250 ml Gemüsebrühe
- 1 EL frisch gehackter oder ½ EL getrockneter Salbei
- 1 Prise getrocknete Chiliflocken
- Salz und Pfeffer
- 120 g Feta, zerbröckelt

So geht's

Das Öl in einer Pfanne mit Deckel auf mittlerer bis hoher Stufe erhitzen. Zwiebel und Knoblauch zugeben und 5 Minuten braten. Den Buchweizen dazugeben und 1 weitere Minute braten.

Tomaten, Tomatenmark, Gemüsebrühe, Salbei, Chiliflocken und Salz und Pfeffer nach Geschmack in die Pfanne geben. Unter Rühren zum Kochen bringen, dann die Hitze reduzieren und auf niedriger Stufe 20–25 Minuten abgedeckt köcheln lassen, bis der Buchweizen die Flüssigkeit aufgenommen hat und zart ist.

Den Feta vorsichtig unterheben, wieder abdecken und 20 Minuten ruhen lassen. Vor dem Servieren vorsichtig umrühren.

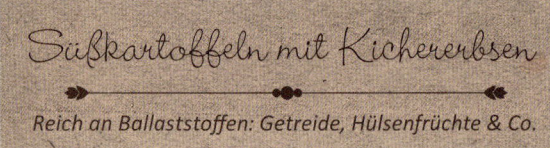

Süßkartoffeln mit Kichererbsen

Reich an Ballaststoffen: Getreide, Hülsenfrüchte & Co.

Zutaten für 4 Personen

- 4 kleine Süßkartoffeln, abgebürstet
- 1 EL Olivenöl
- 1 kleine Zwiebel, gehackt
- 1 Knoblauchzehe, fein gehackt
- 1 TL gemahlener Koriander
- ½ TL gemahlener Kreuzkümmel
- 200 g Tomaten, geschält und gewürfelt
- 2 TL Tomatenmark
- 200 g Kichererbsen aus der Dose, abgetropft
- Meersalz und Pfeffer
- 4 EL frisch gehackter Koriander
- 120 g fettarmer Joghurt

So geht's

Den Backofen auf 190 °C vorheizen. Die ungeschälten Süßkartoffeln mit einer Gabel einstechen, auf ein Backblech legen und 45–50 Minuten im vorgeheizten Ofen backen, bis sie weich sind, wenn man dagegendrückt.

Inzwischen das Öl in einer kleinen Pfanne erhitzen und die Zwiebel darin bei mittlerer Hitze 4–5 Minuten dünsten, bis sie weich ist. Knoblauch, gemahlenen Koriander und Kreuzkümmel einrühren und 1 Minute weitergaren.

Tomaten, Tomatenmark und Kichererbsen einrühren und alles mit ein wenig Salz und Pfeffer würzen. Abdecken und 10 Minuten köcheln lassen. Dann vom Herd nehmen und beiseitestellen.

Die Süßkartoffeln auf einen Teller geben, jede der Länge nach fast ganz aufschneiden und etwas öffnen. Die Kichererbsen erneut erhitzen und über die Kartoffeln geben. Die Hälfte des frischen Korianders in den Joghurt rühren und diesen auf den Kichererbsen verteilen. Mit dem restlichen Koriander bestreuen und sofort servieren.

Geschmorte Erbsen mit Salat

Reich an Ballaststoffen: Getreide, Hülsenfrüchte & Co.

Zutaten für 4 Personen

- 15 g Butter
- 1 EL Olivenöl
- 1 Porreestange, in dünne Ringe geschnitten
- 2 TL Mehl
- 250 ml Gemüsebrühe
- 375 g frische oder tiefgefrorene Erbsen
- 2 große Chicorée, in Stücke geschnitten
- 3 EL frisch gehackter Estragon
- 1 EL Zitronensaft
- Salz und Pfeffer

So geht's

Butter und Öl in einem großen Topf erhitzen. Den Porree in den Topf geben und auf kleiner Stufe 5 Minuten dünsten, bis er weich wird. Das Mehl einrühren und anschließend nach und nach die Brühe unterrühren.

Die Erbsen zugeben, die Hitze erhöhen, den Deckel auflegen und 4 Minuten kochen. Den Chicorée, ohne umzurühren, zufügen und zugedeckt weitere 2 Minuten köcheln, bis das Gemüse weich ist.

Estragon und Zitronensaft zufügen. Mit Salz und Pfeffer abschmecken und sofort servieren.

Pikant gewürzte Linsen

Reich an Ballaststoffen: Getreide, Hülsenfrüchte & Co.

Zutaten für 4 Personen

- 125 g rote Linsen
- 125 g geschälte gespaltene Mungbohnen
- 900 ml heißes Wasser
- 1 TL gemahlene Kurkuma
- 1 TL Salz (oder nach Geschmack)
- 1 EL Zitronensaft
- 2 EL Olivenöl
- ¼ TL schwarze Senfkörner
- ¼ TL Kreuzkümmelsamen
- ¼ TL Schwarzkümmelsamen
- ¼ TL Fenchelsamen
- 4–5 Bockshornkleesamen
- 2–3 getrocknete rote Chilis
- Fladenbrot, zum Servieren

Zum Garnieren
- 1 kleine Tomate, entkernt und in feine Streifen geschnitten
- frischer Koriander

So geht's

Linsen und Bohnen unter fließend kaltem Wasser abspülen, bis das Wasser klar bleibt. Die Hülsenfrüchte mit dem heißen Wasser in einen Topf geben und zum Kochen bringen. Die Hitze etwas reduzieren und die Bohnen 5–6 Minuten köcheln lassen. Wenn sich kein Schaum mehr bildet, die Kurkuma zufügen. Die Hitze reduzieren und die Hülsenfrüchte abgedeckt 20 Minuten garen. Salz und Zitronensaft zufügen und alles mit einem Schneebesen gut verrühren. Falls der Brei zu dick wird, noch etwas Wasser einarbeiten.

Das Öl in einem Topf auf mittlerer Stufe erhitzen. Die Senfkörner anbraten, bis sie zu springen beginnen. Dann die Hitze reduzieren und alle Samen sowie die Chilis zufügen und anbraten, bis die Samen zu springen beginnen und die Chilis schwarz werden.

Das Linsenmus in eine Servierschale füllen und die Gewürzmischung darübergeben. Mit Tomatenstreifen und Koriander garnieren und sofort mit Fladenbrot servieren.

Burritos mit schwarzen Bohnen

Reich an Ballaststoffen: Getreide, Hülsenfrüchte & Co.

Zutaten für 8 Burritos

- 60 g rote Quinoa, abgespült
- Salz und Pfeffer
- 2 EL Pflanzenöl
- 1 rote Zwiebel, grob gehackt
- 1 frischer grüner Chili, entkernt und fein gehackt
- 1 kleine rote Paprika, gewürfelt
- 400 g schwarze Bohnen aus der Dose, abgespült und abgetropft
- Saft von 1 Limette
- 15 g frischer Koriander, grob gehackt
- 2 Tomaten
- 8 Mais-Tortillas, erwärmt
- 125 g mittelalter Gouda, geraspelt
- 80 g Romanasalat, in Streifen geschnitten

So geht's

Die Quinoa mit 150 ml Wasser und einer Prise Salz in einen Topf geben und zum Kochen bringen. Den Deckel aufsetzen und bei sehr kleiner Hitze 15 Minuten garen. Den Topf vom Herd nehmen und die Körner bei aufgesetztem Deckel 5 Minuten ausquellen lassen. Mit einer Gabel auflockern.

Das Öl in einer Pfanne erhitzen. Je die Hälfte von Zwiebel, Chili und roter Paprika darin bei mittlerer Hitze weich dünsten. Bohnen, Quinoa, die Hälfte des Limettensafts und des Korianders untermischen und 3–4 Minuten erhitzen. Mit Salz und Pfeffer abschmecken.

Die Tomaten halbieren und entkernen. Die Kerne unter die Bohnenmischung rühren. Dann das Tomatenfleisch fein hacken und in eine Schüssel geben. Restliche Zwiebel, Chili, Paprika, Limettensaft und Koriander untermischen. Mit Salz und Pfeffer abschmecken.

Je 5 Esslöffel Bohnenmischung auf den Tortillas verteilen. Tomatensalsa, Käse und Salat daraufgeben. Die Seiten einschlagen, die Burritos aufrollen und servieren.

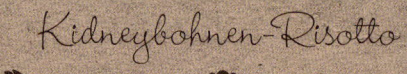

Kidneybohnen-Risotto

Reich an Ballaststoffen: Getreide, Hülsenfrüchte & Co.

Zutaten für 4 Personen

- 4 EL natives Olivenöl extra
- 1 Zwiebel, gehackt
- 2 Knoblauchzehen, fein gehackt
- 175 g Naturreis
- 600 ml Gemüsebrühe
- Salz und Pfeffer
- 1 rote Paprika, gehackt
- 2 Selleriestangen, in Ringe geschnitten
- 250 g Champignons, in dünne Scheiben geschnitten
- 450 g rote Kidneybohnen aus der Dose, abgespült und abgetropft
- 3 EL frisch gehackte Petersilie, plus etwas mehr zum Garnieren
- 50 g Cashewkerne

So geht's

Die Hälfte des Öls in einem großen Topf erhitzen. Die Zwiebel darin unter gelegentlichem Rühren 5 Minuten weich dünsten. Die Hälfte des Knoblauchs zufügen und 2 Minuten mitdünsten. Den Reis zugeben und etwa 1 Minute glasig dünsten.

Die Brühe mit einer Prise Salz in den Topf geben und unter Rühren aufkochen. Die Hitze reduzieren und den Reis unter ständigem Rühren 30–40 Minuten kochen, bis er die gesamte Brühe aufgesogen hat.

Unterdessen das restliche Öl in einer großen Pfanne erhitzen. Paprika und Sellerie darin unter Rühren 5 Minuten dünsten. Dann die Champignons und den restlichen Knoblauch zufügen und alles 4–5 Minuten dünsten.

Den fertig gegarten Reis in die Pfanne geben, Kidneybohnen, Petersilie und Cashewkerne zufügen und mit Salz und Pfeffer abschmecken. Die Mischung gut erhitzen, dann das fertige Gericht in eine vorgewärmte Servierschüssel füllen, mit Petersilie garnieren und sofort servieren.

Gesunde Fette: Nüsse & Saaten

Mandelmilch-Drink

Gesunde Fette: Nüsse & Saaten

Zutaten für 1 Person

- 75 g Spinat
- 2 TL Acai-Pulver
- 2 TL Manuka-Honig
- 1 Prise Zimt
- 250 ml Mandelmilch
- zerstoßenes Eis, zum Servieren (nach Belieben)

So geht's

Spinat, Acai-Pulver, Honig und Zimt in einen Mixer geben. Die Mandelmilch zugießen und alles glatt und cremig mixen.

Zerstoßenes Eis, falls verwendet, in ein Glas füllen, den Saft darübergießen und sofort servieren.

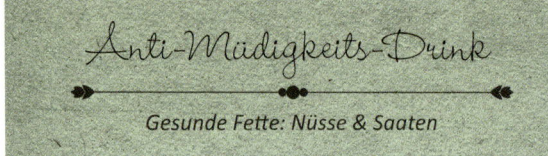

Anti-Müdigkeits-Drink

Gesunde Fette: Nüsse & Saaten

Zutaten für 1 Person

- 30 g Chiasamen
- ½ kleine Ananas, geschält und grob gehackt
- 125 g Cranberrys
- 1 Handvoll Eiswürfel (nach Belieben)

So geht's

Die Chiasamen im Mixer fein mahlen. Ananas und Cranberrys dazugeben und alles glatt pürieren.

Ein Glas zur Hälfte mit Eiswürfeln füllen, falls verwendet. Dann mit dem Saft aufgießen und sofort servieren.

Knusprige Grünkohlchips

Gesunde Fette: Nüsse & Saaten

Zutaten für 4 Personen

- 250 g Grünkohl
- 2 EL Olivenöl
- 2 Prisen Zucker
- 2 große Prisen Meersalz
- 2 EL geröstete Mandelblättchen, zum Garnieren

So geht's

Den Backofen auf 150 °C vorheizen. Dicke Stängel und dicke Blattrippen von den Grünkohlblättern entfernen (es sollten etwa 125 g Blätter übrig bleiben). Waschen und sorgfältig mit Küchenpapier trocken tupfen. In mundgerechte Stücke zerzupfen, mit Öl und Zucker in eine Schüssel geben und gut vermengen.

Etwa die Hälfte der Blätter in einer Schicht auf ein großes Backblech legen. Mit einer Prise Meersalz bestreuen und auf der unteren Schiene des vorgeheizten Backofens 4 Minuten rösten.

Die Blätter wenden und weitere 1–2 Minuten rösten, bis sie knusprig und an den Rändern leicht gebräunt sind. Mit den restlichen Blättern wiederholen.

Den Grünkohl mit den gerösteten Mandelblättchen bestreuen und sofort servieren.

Variation

Wichtig ist, das Backblech auf der untersten Schiene zu platzieren, dort ist die Hitze milder. Regelmäßig prüfen, denn die Blätter brennen schnell an.

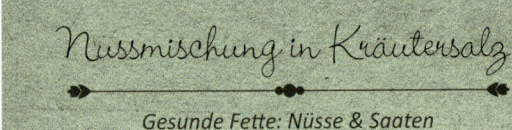

Nussmischung in Kräutersalz

Gesunde Fette: Nüsse & Saaten

Zutaten für 4 Personen

- 1 EL Olivenöl
- 2 frische Rosmarinzweige, Blätter abgezupft
- 60 g Cashewnusskerne
- 60 g Pekannusskerne
- 60 g Mandelkerne
- 60 g Haselnusskerne
- ½ TL Meersalz

So geht's

Das Öl mit dem Rosmarin in einer Pfanne erhitzen, dann rühren, damit die Rosmarinblätter vollständig mit Öl überzogen sind. Alle Nüsse zugeben und bei mittlerer Hitze 2–3 Minuten unter gelegentlichem Rühren rösten.

Das Salz einrühren, dann die Nüsse in eine Schüssel geben und bis zum Verzehr abkühlen lassen. Übrig gebliebene Nüsse können in einem Kunststoffbehälter bis zu 3 Tage im Kühlschrank gelagert werden.

Variation

Ersetzen Sie Rosmarin durch Currypulver oder eine Mischung aus gemahlenem Kreuzkümmel, Garam masala, geräuchertem Paprikapulver und einer Prise Chili.

Mexikanische Mole-Sauce

Gesunde Fette: Nüsse & Saaten

Zutaten für 6–8 Personen

- je 2 Chipotle- und Ancho-Chilis
- 1 Zwiebel, in Ringe geschnitten
- 2–3 Knoblauchzehen, zerdrückt
- 80 g Sesamsaat
- 80 g Mandelblättchen, geröstet
- 1 TL gemahlener Koriander
- 4 Gewürznelken
- ½ TL Pfeffer
- 2–3 EL Olivenöl
- 300 ml Hühner- oder Gemüsebrühe
- 450 g vollreife Tomaten, enthäutet und gewürfelt
- 2 TL Zimt
- 50 g Rosinen
- 140 g Kürbiskerne
- 60 g Schokolade mit mindestens 70 % Kakaogehalt, grob gehackt
- 1 EL Rotweinessig

So geht's

Die Chilis zusammen mit Zwiebel, Knoblauch, Sesam, Mandeln, Koriander, Gewürznelken und Pfeffer in eine Küchenmaschine oder einen Mixer geben und zu einer glatten Paste verarbeiten.

Das Öl in einer Pfanne erhitzen, die Paste hineingeben und etwa 5 Minuten braten. Brühe, Tomaten, Zimt, Rosinen und Kürbiskerne unterrühren und alles zum Kochen bringen. Dann die Hitze auf niedrige Stufe reduzieren und die Sauce 15 Minuten köcheln lassen.

Schokolade und Essig in die Sauce geben. Weitere 5 Minuten köcheln lassen. Die Mole-Sauce passt am besten zu Geflügel.

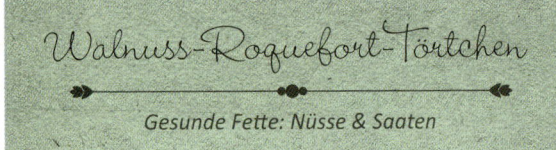

Walnuss-Roquefort-Törtchen

Gesunde Fette: Nüsse & Saaten

Zutaten für 12 Stück

- 250 g Mehl, plus etwas mehr zum Bestäuben
- 1 Prise Selleriesalz
- 100 g kalte Butter, gewürfelt, plus etwas mehr zum Einfetten
- 40 g Walnusskerne, fein gehackt

Füllung
- 2 EL Butter
- 2 Selleriestangen, fein gehackt
- 1 Porreestange, fein gehackt
- 250 g Crème fraîche

- 200 g Roquefort, zerbröckelt
- Salz und Pfeffer
- 3 Eigelb

So geht's

Eine 12er-Muffinform (je 7,5 cm Ø) einfetten. Mehl, Salz und Butter zu Krümeln verreiben. Walnüsse und 2 oder 3 Esslöffel Wasser zugeben, bis ein geschmeidiger Teig entsteht.

Den Teig halbieren, eine Hälfte auf einer bemehlten Arbeitsfläche ausrollen und sechs Kreise (9 cm Ø) ausstechen. Die Kreise weiter ausrollen (12 cm Ø), in sechs Mulden der Form legen und gut andrücken. Mit der anderen Hälfte des Teigs ebenso verfahren. Alle Mulden mit Backpapier auslegen, Backbohnen einfüllen und die Form 30 Minuten in den Kühlschrank stellen.

Währenddessen den Backofen auf 200 °C vorheizen. Dann die Muffinform in den Ofen geben und die Teigböden 10 Minuten blindbacken. Herausnehmen, Bohnen und Backpapier entfernen.

In der Zwischenzeit für die Füllung die Butter in einer Pfanne zerlassen, Sellerie und Porree darin 15 Minuten weich dünsten. Dann 2 Esslöffel Crème fraîche und den Käse zugeben. Gut verrühren und mit Salz und Pfeffer würzen. Die restliche Crème fraîche in einem Topf erhitzen und das Eigelb unter Rühren hineingeben. Die Käse-Gemüse-Mischung unterrühren.

Die Füllung auf die Teigböden verteilen und etwa 15 Minuten backen. Die Törtchen 5 Minuten in der Form abkühlen lassen.

Grüner Supersalat

Gesunde Fette: Nüsse & Saaten

Zutaten für 4 Personen

- 2 EL Kürbiskerne
- 2 EL Sonnenblumenkerne
- 2 EL Sesamsaat
- 4 TL Tamari oder eine andere Sojasauce
- 250 g Brokkoli, in Röschen zerteilt
- 80 g Babyspinat, gewaschen
- 50 g Grünkohl, in dünne Streifen geschnitten
- 15 g frischer Koriander, grob gehackt
- 2 Avocados, entkernt, geschält und in Scheiben geschnitten
- Saft von 2 Limetten

Dressing
- 3 EL Leinöl
- 2 TL flüssiger Honig
- Pfeffer

So geht's

Eine Pfanne auf hoher Stufe erhitzen. Kürbis- und Sonnenblumenkerne sowie Sesamsaat bei aufgelegtem Deckel 3–4 Minuten trocken rösten, bis die Körner zu springen beginnen. Dabei die Pfanne häufiger schwenken. Die Saaten auf einen Teller geben. Die Tamari in die Pfanne gießen.

Einen Topf mit Dämpfeinsatz zur Hälfte mit Wasser füllen und dieses zum Kochen bringen. Den Brokkoli in den Einsatz geben, den Deckel aufsetzen und den Kohl 3–5 Minuten knackig gar dämpfen. Den Brokkoli in eine Salatschüssel geben und mit Spinat, Grünkohl und Koriander vermengen.

Die Avocados in einer Schale mit der Hälfte des Limettensafts sorgfältig mischen, dann zu den anderen Salatzutaten geben.

Für das Dressing restlichen Limettensaft, Öl und Honig mit etwas Pfeffer in einem Kännchen verrühren. Die gerösteten Saaten über den Salat streuen. Sofort servieren. Das Dressing separat dazu reichen.

Bunter Drei-Saaten-Salat

Gesunde Fette: Nüsse & Saaten

Zutaten für 4 Personen

- 120 g Babyspinat
- ½ Eichblattsalat, in mundgerechte Stücke zerzupft
- 2 Selleriestangen, in Scheiben geschnitten
- 1 kleine Handvoll Selleriegrün, grob gehackt, plus etwas mehr zum Garnieren
- 150 g Blaubeeren
- Saft von 2 Zitronen
- Salz und Pfeffer

Dressing
- 2 EL geröstete Sesamsaat, plus etwas mehr zum Garnieren
- 2 EL Sonnenblumenkerne
- 2 EL Leinsamen
- 1 Knoblauchzehe, in Scheiben geschnitten
- 2 EL Olivenöl
- 150 g fettarmer Naturjoghurt

So geht's

Spinat- und Salatblätter in eine Salatschüssel geben. Sellerie, Sellerieblätter und Blaubeeren zugeben. Mit dem Saft einer Zitrone beträufeln. Leicht salzen und pfeffern. Alles vermengen.

Für das Dressing Sesam, Sonnenblumenkerne und Leinsamen in einen Mixer geben. Knoblauch, Öl und restlichen Zitronensaft zufügen. Salzen und pfeffern, dann fein mahlen. Den Joghurt zufügen und einarbeiten, bis eine glatte Creme entstanden ist.

Den Salat auf vier Servierteller verteilen und das Saatendressing darübergeben. Mit etwas Sesam und Selleriegrün garnieren und sofort servieren.

Gefüllte Galettes

Gesunde Fette: Nüsse & Saaten

Zutaten für 8 Portionen

- 60 g Buchweizenmehl
- 40 g Weizenmehl
- Salz und Pfeffer
- 2 Eier, leicht verquirlt
- 350 ml Milch
- 25 g Butter, plus etwas mehr zum Braten
- 125 g braune Champignons
- 600 g Babyspinat
- 35 g Walnusskerne, grob gehackt
- 50 g Feta, zerbröckelt
- 1 große Prise frisch geriebene Muskatnuss
- 1 große Prise getrocknete Chiliflocken
- frisch gehackter Schnittlauch, zum Garnieren

So geht's

Beide Mehlsorten und ½ Teelöffel Salz in eine Schüssel sieben. Eine Mulde in die Mitte drücken und die Eier hineingeben. Mit einer Gabel etwas Mehl vom Rand unter die Eier mengen. Nach und nach die Milch zugießen und alles zu einem glatten Teig verrühren. 30 Minuten ruhen lassen, dann die Butter zerlassen und in den Teig rühren.

Ein wenig Butter in einer großen Pfanne erhitzen, die Champignons hineingeben und 5 Minuten braten. Vom Herd nehmen und beiseitestellen.

Den Spinat 4 Minuten dämpfen. Abgießen und so viel Flüssigkeit wie möglich ausdrücken, dann grob hacken. Walnüsse und Feta zu den Champignons geben und gut vermengen. Spinat, Muskatnuss und Chiliflocken zufügen und mit Salz und Pfeffer würzen. Auf sehr kleiner Stufe warm halten.

Etwas Butter in einer beschichteten Pfanne (24 cm Ø) auf mittlerer Stufe erhitzen, bis sie schäumt. 4 Esslöffel Teig hineingießen und die Pfanne schwenken, um den Teig gleichmäßig zu verteilen. 2–2½ Minuten von jeder Seite backen, bis der Pfannkuchen leicht gebräunt ist. Warm halten.

In die Mitte jedes Pfannkuchens etwas von der Champignon-Spinat-Füllung geben. Dann aufrollen und halbieren. Mit Schnittlauch garnieren und sofort servieren.

Rosenkohl mit Mandeln

Gesunde Fette: Nüsse & Saaten

Zutaten für 4 Personen

- 450 g Rosenkohl, geputzt
- 2 EL Erdnussöl
- 1 EL geröstetes Sesamöl
- 1 Schalotte, fein gehackt
- 3-cm-Stück frische Ingwerwurzel, fein gehackt
- 1 Knoblauchzehe, in feine Scheiben geschnitten
- 3–4 EL Hühner- oder Gemüsebrühe
- Saft von ½ Limette
- Salz und Pfeffer
- 3 EL Mandeln, längs halbiert
- 4 EL frisch gehackter Koriander
- Limettenspalten, zum Garnieren

So geht's

Den Rosenkohl in einem großen Topf mit kochendem Wasser 3 Minuten garen. Abgießen und mit kaltem Wasser abschrecken, dann trocken tupfen und vierteln.

Einen Wok oder eine große Pfanne auf mittlerer bis hoher Stufe erhitzen. Erdnuss- und Sesamöl hineingeben. Schalotte, Ingwer und Knoblauch zufügen und 1–2 Minuten anbraten, bis der Knoblauch beginnt, Farbe anzunehmen.

Rosenkohl, Brühe und Limettensaft zufügen. Mit Salz und Pfeffer würzen und 2–3 Minuten braten, bis der Rosenkohl weich wird. Die Mandeln zufügen und weitere 1–2 Minuten braten. Der Rosenkohl sollte zart sein, aber seine grüne Farbe behalten.

Den Koriander unterrühren, mit Limettenspalten garnieren und sofort servieren.

Nussbraten mit Sauce

Gesunde Fette: Nüsse & Saaten

Zutaten für 1 Braten

- 2 EL Butter, plus etwas mehr zum Einfetten
- 2 Knoblauchzehen, gehackt
- 1 große Zwiebel, gehackt
- 50 g Pinienkerne, geröstet
- 75 g Haselnusskerne, geröstet
- 50 g Walnusskerne, gemahlen
- 50 g Cashewkerne, gemahlen
- 100 g Vollkornpaniermehl
- 1 Ei, leicht verquirlt
- 2 EL frisch gehackter Thymian, plus einige Zweige zum Garnieren
- 250 ml Gemüsebrühe
- Salz und Pfeffer

Cranberry-Rotwein-Sauce
- 175 g frische Cranberrys
- 100 g feiner Zucker
- 300 ml Rotwein
- 1 Zimtstange

So geht's

Den Backofen auf 180 °C vorheizen. Eine Kastenform einfetten und mit Backpapier auslegen. Die Butter in einem Topf bei schwacher Hitze zerlassen. Knoblauch und Zwiebel zugeben und unter Rühren 3 Minuten dünsten. Vom Herd nehmen. Pinienkerne und Haselnüsse mahlen. Alle gemahlenen Nüsse, Paniermehl, Ei, Thymian, Brühe sowie Salz und Pfeffer nach Geschmack in den Topf geben und verrühren.

Die Mischung in die Kastenform füllen und glatt streichen. Im Ofen etwa 30 Minuten auf der mittleren Schiene backen, bis der Braten heiß und goldbraun ist. Der Braten ist gar, wenn an einem in die Mitte gestochenen Holzspieß keine Bratenmasse mehr klebt.

Nach der halben Backzeit die Sauce zubereiten. Alle Zutaten in einen Topf geben und zum Kochen bringen. Die Hitze reduzieren und unter gelegentlichem Rühren 15 Minuten köcheln.

Den Nussbraten aus dem Ofen nehmen und aus der Form heben. Mit Thymianzweigen garnieren und mit der Cranberry-Rotwein-Sauce servieren.

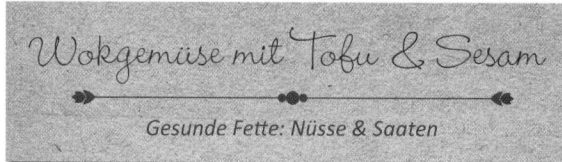

Wokgemüse mit Tofu & Sesam

Gesunde Fette: Nüsse & Saaten

Zutaten für 2–3 Personen

- 1 EL geröstetes Sesamöl
- 2 EL Erdnussöl
- 200 g kleine Shiitake-Pilze
- 2 Pak Choi, Blätter ganz, Stiele in Streifen geschnitten
- 150 g Zuckererbsen, diagonal halbiert
- 250 g fester Tofu, gewürfelt
- 3-cm-Stück Ingwerwurzel, in feine Scheiben geschnitten
- 2 Knoblauchzehen, fein gehackt
- 1 EL helle Sojasauce
- 1 TL Sesamsaat
- Pfeffer
- gekochte chinesische Eiernudeln, zum Servieren

So geht's

Einen großen Wok auf starker Stufe 30 Sekunden erhitzen. Die beiden Öle hineingeben, durch Schwenken darin verteilen und 30 Sekunden erhitzen. Pilze, Pak-Choi-Stiele und Zuckererbsen darin 1 Minute unter Rühren anbraten.

Tofuwürfel, Pak-Choi-Blätter, Ingwer, Knoblauch und einen Spritzer Wasser zufügen und 1–2 Minuten pfannenrühren, bis die Blätter zusammenfallen.

Die Sojasauce unterrühren. Mit dem Sesam bestreuen und mit Pfeffer würzen. Sofort mit gekochten Nudeln servieren.

Kohl-Walnuss-Pfanne

Gesunde Fette: Nüsse & Saaten

Zutaten für 4 Personen

- 4 EL Erdnussöl
- 1 EL Walnussöl
- 2 Knoblauchzehen, zerdrückt
- 350 g Weißkohl, in dünne Streifen geschnitten
- 350 g Rotkohl, in dünne Streifen geschnitten
- 8 Frühlingszwiebeln, in Ringe geschnitten
- 225 g fester Tofu, gewürfelt
- 2 EL Zitronensaft
- 100 g Walnusskernhälften
- 2 TL Dijon-Senf
- Salz und Pfeffer
- 2 TL Mohnsaat, zum Garnieren

So geht's

Einen Wok oder eine große Pfanne auf hoher Stufe erhitzen. Die Öle hineingeben und sehr heiß werden lassen. Knoblauch, Weißkohl, Rotkohl, Frühlingszwiebeln und Tofu hinzufügen und unter ständigem Rühren 5 Minuten dünsten.

Zitronensaft, Walnüsse und Senf zugeben und alles gut vermengen. Die Mischung mit Salz und Pfeffer abschmecken und etwa weitere 5 Minuten garen, bis der Kohl weich ist.

Das Pfannengericht in vorgewärmte Schalen geben, mit der Mohnsaat garnieren und sofort servieren.

Quinoa mit Ofengemüse

Gesunde Fette: Nüsse & Saaten

Zutaten für 2 Personen

- 2 Paprika (Farbe nach Belieben), in Stücke geschnitten
- 1 große Zucchini, in Stücke geschnitten
- 1 kleine Fenchelknolle, in schmale Spalten geschnitten
- 1 EL Olivenöl
- 1 TL sehr fein gehackter frischer Rosmarin
- 1 TL frisch gehackter Thymian
- Salz und Pfeffer
- 100 g Quinoa
- 350 ml Gemüsebrühe
- 2 Knoblauchzehen, zerdrückt
- 3 EL frisch gehackte glatte Petersilie
- 40 g Pinienkerne, geröstet

So geht's

Den Backofen auf 200 °C vorheizen. Paprika, Zucchini und Fenchel in einer Lage in eine Auflaufform legen.

Das Gemüse mit dem Olivenöl beträufeln und mit Rosmarin und Thymian bestreuen. Kräftig mit Salz und Pfeffer würzen und mit sauberen Händen vermischen. 25–30 Minuten im Ofen rösten, bis das Gemüse zart und leicht geschwärzt ist.

Währenddessen Quinoa, Brühe und Knoblauch in einem Topf zum Kochen bringen, abdecken und 12–15 Minuten köcheln, bis die Brühe fast vollständig aufgenommen ist.

Das Gemüse aus dem Ofen nehmen und die Quinoa in die Auflaufform geben. Petersilie und Pinienkerne zufügen und durchmischen. Warm oder kalt servieren.

Risotto mit Spargel & Nüssen
Gesunde Fette: Nüsse & Saaten

Zutaten für 4 Personen

- 1 EL Butter
- 3 EL Olivenöl
- 1 kleine Zwiebel, fein gehackt
- 350 g Risottoreis
- 150 ml trockener Weißwein
- 1,5 l heiße Gemüsebrühe
- 200 g grüner Spargel, in 6 cm lange Stücke geschnitten
- 40 g Walnusskerne, gehackt
- abgeriebene Schale von 1 Bio-Zitrone
- Salz und Pfeffer
- Walnussöl, zum Servieren (nach Belieben)
- Zitronenzesten, zum Garnieren

So geht's

Butter und Olivenöl in einem großen Topf erhitzen und die Zwiebel darin 3–4 Minuten unter Rühren dünsten. Den Reis hinzugeben und 1 Minute bei mittlerer Hitze rühren, ohne ihn zu bräunen. Den Wein zugießen und unter Rühren einkochen, bis er fast vollständig verdunstet ist.

Eine Kelle Brühe hinzugeben und rühren, bis sie absorbiert ist, dann erst die nächste Kelle einrühren. Nach 10 Minuten den Spargel zufügen und weiterkochen, dabei bei Bedarf wieder Brühe zugießen. Nach 5 weiteren Minuten ein Reiskorn testen – es sollte noch bissfest sein.

Walnüsse und Zitronenschale einrühren, dann mit Salz und Pfeffer abschmecken. Vom Herd nehmen, nach Wunsch mit etwas Walnussöl beträufeln und umrühren. Den Risotto sofort mit Zitronenzesten garniert servieren.

Studentenfutter

Gesunde Fette: Nüsse & Saaten

Zutaten für 700 g

- 80 g getrocknete Aprikosen, klein geschnitten
- 80 g getrocknete Cranberrys
- 80 g Cashewkerne, geröstet
- 80 g Haselnusskerne
- 80 g Paranusskerne, halbiert
- 80 g Mandelblättchen
- 4 EL geröstete Kürbiskerne
- 4 EL Sonnenblumenkerne
- 4 EL geröstete Pinienkerne

So geht's

Alle Zutaten in einen luftdichten Behälter geben und den Deckel schließen. Den Behälter schütteln und drehen, damit die Zutaten gründlich gemischt werden.

Vor jeder Entnahme nochmals kurz schütteln. Den Behälter immer gut schließen; so hält sich das Studentenfutter bis zu 2 Wochen.

Knusperbecher mit frischen Beeren

Gesunde Fette: Nüsse & Saaten

Zutaten für 6 Personen

- 120 g Hafergrütze (mittelgrob geschrotet)
- 80 g zarte Haferflocken
- 40 g Mandeln, grob gehackt
- 2 EL Kürbiskerne
- 2 EL Sonnenblumenkerne
- 2 EL grob geschrotete Leinsamen
- ½ TL Zimt
- 3 EL Ahornsirup
- 1 EL Olivenöl
- 25 g getrocknete Goji-Beeren

Zum Servieren
- 120 g Knuspermüsli
- Saft von 1 Orange
- 120 g griechischer Naturjoghurt
- 1 Tafelapfel, entkernt und geraspelt
- 120 g Erdbeeren, in Scheiben geschnitten
- 40 g Blaubeeren

So geht's

Den Backofen auf 160 °C vorheizen. Hafergrütze, Haferflocken und Mandeln in einer Schüssel mit Kürbis- und Sonnenblumenkernen, Leinsamen, Zimt, Ahornsirup und Öl sorgfältig vermengen.

Die Mischung gleichmäßig in einer großen Bratform oder auf einem tiefen Backblech verteilen und im vorgeheizten Ofen 30–35 Minuten goldbraun backen. Dabei alle 5–10 Minuten wenden und gebräuntes Müsli vom Rand in die Mitte schichten.

Aus dem Ofen nehmen, die Goji-Beeren untermischen, dann das Müsli erkalten lassen. Das Müsli in einem luftdicht schließenden Behälter aufbewahren; es hält sich bis zu 5 Tage.

Zum Servieren das Müsli in zwei Gläser oder Schalen füllen, dabei etwas für die Garnierung zurückbehalten. Mit dem Orangensaft übergießen. Joghurt und Apfelraspel mischen und über das Müsli geben. Erdbeeren und Blaubeeren darauf verteilen. Mit dem restlichen Müsli bestreuen.

Kokos-Haselnuss-Trüffel

Gesunde Fette: Nüsse & Saaten

Zutaten für 20 Trüffel

- 80 g ungeschälte Haselnusskerne
- 50 g Kakaosplitter, plus 1 EL mehr zum Dekorieren
- 6 weiche getrocknete Feigen, grob gehackt
- 25 g Kokosraspel, plus 2 EL mehr zum Dekorieren
- 1 EL Ahornsirup
- fein abgeriebene Schale und Saft von ½ kleinen Bio-Orange

So geht's

Haselnüsse und Kakaosplitter in eine Küchenmaschine geben und sehr fein hacken. Feigen, Kokosraspel, Ahornsirup, Orangenschale und -saft zugeben und weitermixen, bis die Mischung sich verbindet und zu einer Kugel formt.

Die Masse aus der Küchenmaschine nehmen und in 20 gleich große Portionen aufteilen. Jede mit der Hand zu einem Trüffel rollen.

Auf Backpapier oder auf einem großen Teller den zusätzlichen Esslöffel Kakaosplitter fein hacken und mit den zusätzlichen Kokosraspeln vermischen. Die Trüffel nacheinander in der Kakao-Kokosnuss-Mischung rollen. Die Trüffel lassen sich in einem Kunststoffbehälter im Kühlschrank bis zu 3 Tage lagern.

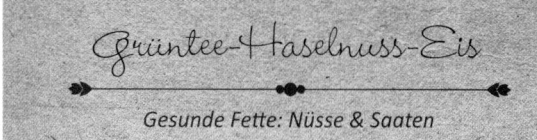

Grüntee-Haselnuss-Eis

Gesunde Fette: Nüsse & Saaten

Zutaten für 6 Personen

- 400 ml Kokosmilch aus der Dose
- 200 g Kokoscreme
- 200 g Zucker
- 3 TL Grünteepulver
- 50 g Haselnüsse, geröstet und gehackt

So geht's

Kokosmilch und Kokoscreme in einem Topf auf mittlerer Stufe unter ständigem Rühren erhitzen, bis sich beide Zutaten verbunden haben.

Zucker und Grünteepulver unterrühren. Die gehackten Haselnüsse untermengen und auf Zimmertemperatur abkühlen lassen.

Die abgekühlte Masse in einer Eismaschine nach Herstellerangaben verarbeiten. Alternativ in einen Gefrierbehälter füllen und ins Gefrierfach stellen. Die noch nicht ganz festgefrorene Masse immer wieder aus dem Gefrierfach nehmen, umrühren und weitergefrieren, bis die Eiscreme fest ist. Die fertige Eiscreme bis zur Verwendung im Gefrierfach lassen.

Natürliche Vitamine: Obst

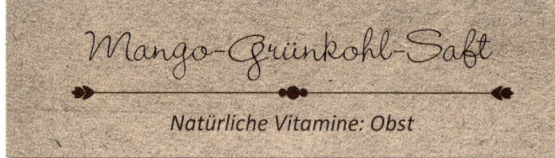

Natürliche Vitamine: Obst

Zutaten für 1 Person

- 1 EL Sesamsaat
- Saft von ½ Limette
- 30 g Grünkohl, in Stücken
- 1 Mango, geschält, Fruchtfleisch vom Stein geschnitten und grob gehackt
- 225 ml ungesüßte Reis-, Mandel- oder Sojamilch
- 1 Handvoll zerstoßenes Eis

So geht's

Die Sesamsaat im Mixer pulvrig fein mahlen. Limettensaft, Grünkohl und Mango zufügen und alles glatt pürieren.

Milch und Eis einarbeiten, bis die Mischung homogen ist. In ein Glas füllen und sofort servieren.

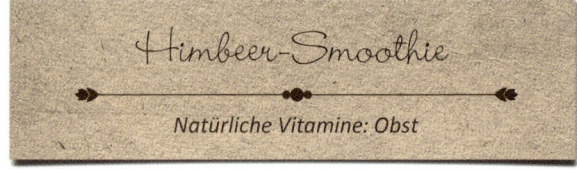

Himbeer-Smoothie

Natürliche Vitamine: Obst

Zutaten für 1 Person

- 30 g Goji-Beeren
- 1 kleine Banane, grob gehackt
- 125 g Himbeeren
- frisch ausgepresster Saft von 2 Orangen
- 1 Handvoll zerstoßenes Eis (nach Belieben)
- kaltes Wasser, nach Geschmack

So geht's

Die Goji-Beeren im Mixer fein pürieren. Dann Banane, Himbeeren und Orangensaft zufügen und alles glatt mixen.

Zerstoßenes Eis, falls verwendet, zugeben und alles zu einer homogenen Mischung verarbeiten. Wasser nach Geschmack zugießen, dann sofort in einem Glas servieren.

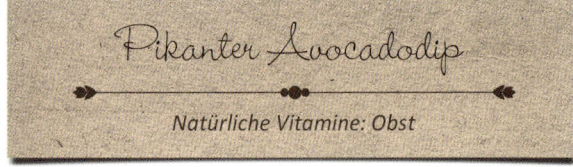

Pikanter Avocadodip

Natürliche Vitamine: Obst

Zutaten für 4 Personen

- 2 große Avocados
- Saft von 1–2 Limetten (nach Geschmack)
- 2 große Knoblauchzehen, zerdrückt
- 1 TL mildes Chilipulver
- Salz und Pfeffer

So geht's

Die Avocados halbieren und entkernen. Das Fruchtfleisch aus der Schale löffeln.

Das Avocadofruchtfleisch zusammen mit dem Limettensaft in einen Mixer geben. Knoblauch und Chilipulver zufügen und glatt pürieren.

Den Dip in eine Schale füllen, mit Salz und Pfeffer abschmecken und servieren.

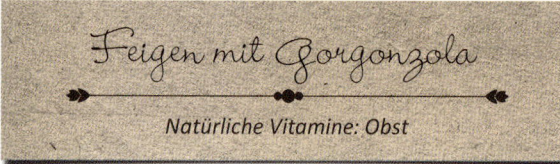

Feigen mit Gorgonzola

Natürliche Vitamine: Obst

Zutaten für 4 Personen

- ½ Vollkornbaguette (100 g), in 8 Scheiben (2 cm dick) geschnitten
- 8 frische, kleine Feigen
- 60 g Gorgonzola, Rinde entfernt und in 8 Würfel geschnitten
- 4 TL flüssiger Wildblütenhonig

So geht's

Den Backofen auf 180 °C vorheizen. Das Brot von beiden Seiten leicht toasten, dann auf ein kleines Backblech legen.

Die Feigen am Stielansatz kreuzweise einschneiden und je einen Käsewürfel hineindrücken. Dann je eine Feige auf eine Baguettescheibe setzen. 5–6 Minuten im vorgeheizten Ofen backen, bis die Feigen heiß sind und der Käse gerade geschmolzen ist.

Auf Teller oder ein Servierbrett heben, mit dem Honig beträufeln und sofort servieren.

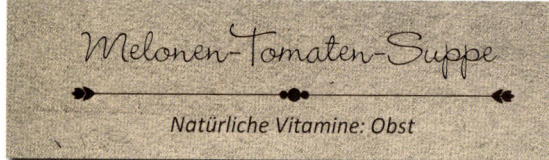

Melonen-Tomaten-Suppe

Natürliche Vitamine: Obst

Zutaten für 6 Personen

- 1,5 kg Wassermelone
- 4 Tomaten, gehäutet und entkernt
- 10-cm-Stück Salatgurke, geschält, entkernt und in Stücke geschnitten
- 2 Frühlingszwiebeln, nur die grünen Teile, fein gehackt
- 1 EL frisch gehackte Minze
- Salz und Pfeffer
- Minze, zum Garnieren

So geht's

Das Wassermelonenfruchtfleisch aus der Schale lösen, entkernen und in Stücke schneiden.

Die Tomaten mit einem Pürierstab oder in der Küchenmaschine pürieren. Bei laufendem Motor Gurke, Frühlingszwiebeln, Wassermelone und Minze zugeben. Mit Salz und Pfeffer würzen und glatt mixen.

Falls weder Pürierstab noch eine Küchenmaschine vorhanden ist, die Wassermelonenstücke durch ein feinmaschiges Sieb in eine Schüssel drücken. Die Tomaten fein hacken und zu der Wassermelone geben. Mit Salz und Pfeffer abschmecken. Die Gurke fein hacken und zusammen mit den Frühlingszwiebeln zur Mischung geben.

Die Suppe über Nacht kalt stellen. Noch einmal abschmecken und auf Suppentellern anrichten. Mit Minze garnieren und servieren.

Salatnester mit Superfood

Natürliche Vitamine: Obst

Zutaten für 4 Personen

- 2 rosa Grapefruits, geschält und filetiert (Reste aufbewahren)
- ½ Ananas, geschält und gewürfelt
- 1 große Avocado, halbiert, entkernt, geschält und gewürfelt
- fein abgeriebene Schale und Saft von 1 Bio-Limette
- 2 EL fein gehackte frische Minze
- 4 äußere Blätter von einem Eisbergsalat

So geht's

Die Grapefruitfilets halbieren und in eine Salatschüssel geben. Den Saft aus dem Rest der Grapefruit darüber auspressen. Ananas und Avocado zufügen. Limettenschale und -saft sowie Minze zugeben und alles vorsichtig mischen.

Die Salatblätter auf vier kleine Servierteller setzen und mit dem Fruchtsalat füllen. Sofort servieren.

Natürliche Vitamine: Obst

Zutaten für 6 Personen

- 225 g gemischte Sprossen, z. B. von Alfalfa, Mungbohnen, Sojabohnen, Azukibohnen, Kichererbsen und Radieschen
- 25 g Kürbiskerne
- 25 g Sonnenblumenkerne
- 25 g Sesamsaat
- 1 Tafelapfel, entkernt und gewürfelt
- 70 g getrocknete Aprikosen, gewürfelt
- fein abgeriebene Schale und Saft von 1 Bio-Zitrone
- 50 g Walnusskerne, grob gehackt
- 2 EL Walnussöl

So geht's

Sprossen, Kürbis-, Sonnenblumenkerne und Sesam in einer großen Schüssel vermengen. Apfel und Aprikosen, Zitronenschale und Walnüsse untermischen.

Für das Dressing Zitronensaft und Öl in einer Schale mit einer Gabel verquirlen.

Das Dressing über den Salat träufeln und untermischen. Sofort servieren.

Salat mit dreierlei Beeren

Natürliche Vitamine: Obst

Zutaten für 4 Personen

- 1 kleiner Radicchio, in mundgerechte Stücke zerzupft
- ½ Eichblattsalat oder Lollo rosso, in mundgerechte Stücke zerzupft
- 25 g getrocknete Goji-Beeren
- 120 g Himbeeren
- 120 g Blaubeeren

Dressing
- 3 EL Hanföl
- Saft von ½ Zitrone
- 1 TL Reissirup
- Salz und Pfeffer

So geht's

Radicchio und Eichblattsalat in eine Salatschüssel geben. Goji-Beeren, Himbeeren und Blaubeeren zugeben und vorsichtig untermischen.

Für das Dressing Hanföl, Zitronensaft und Reissirup in ein Schraubglas füllen. Salzen und pfeffern, dann zuschrauben und kräftig schütteln. Über den Salat träufeln und unterheben.

Den Salat auf vier Servierschalen verteilen und sofort servieren.

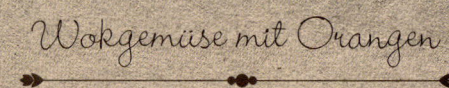

Natürliche Vitamine: Obst

Zutaten für 4 Personen

- 2 EL Erdnussöl
- 500 g Karotten, geraspelt
- 225 g Porree, in Ringen
- 2 Orangen, filetiert
- 2 EL Tomatenketchup
- 1 EL Rohrohrzucker
- 2 EL helle Sojasauce
- 80 g Erdnüsse, gehackt

So geht's

Einen großen Wok 30 Sekunden stark erhitzen. Das Öl hineingeben und 30 Sekunden erhitzen. Karotten und Porree darin 2–3 Minuten unter Rühren anbraten, bis das Gemüse weich wird.

Die Orangenfilets zufügen und sanft erhitzen.

Ketchup, Zucker und Sojasauce in einer Schale verrühren. Zum Gemüse geben und 2 Minuten pfannenrühren.

Das Gemüse in vier vorgewärmte Servierschalen füllen. Mit den Erdnüssen bestreuen und sofort servieren.

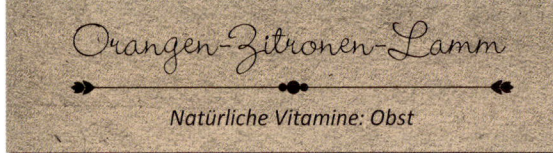

Orangen-Zitronen-Lamm

Natürliche Vitamine: Obst

Zutaten für 2 Personen

- 1 Knoblauchzehe, zerdrückt
- 1 EL Olivenöl
- 2 EL fein abgeriebene Schale von 1 Bio-Orange
- 2 EL fein abgeriebene Schale von 1 Bio-Zitrone
- Salz und Pfeffer
- 6 Lammkoteletts
- Orangenspalten, zum Garnieren

So geht's

Knoblauch, Öl und Zitrusschalen in eine Schüssel geben. Mit Salz und Pfeffer würzen und gut vermengen. Die Lammkoteletts damit bestreichen.

Eine Grillpfanne auf hoher Stufe erhitzen. Die Koteletts hineingeben und von beiden Seiten je 4–5 Minuten grillen.

Die fertig gegrillten Lammkoteletts auf vorgewärmte Teller geben. Mit Orangenspalten garnieren und sofort servieren.

Apfelchips mit Zimt

Natürliche Vitamine: Obst

Zutaten für 4 Personen

- 1 EL Meersalz
- 3 ungeschälte Äpfel, z. B. Braeburn oder Gala
- 1 Prise Zimt

So geht's

Den Backofen auf 110 °C vorheizen. 1 Liter Wasser mit dem Salz in eine große Rührschüssel geben und so lange rühren, bis das Salz aufgelöst ist.

Die Äpfel mit einem scharfen Messer oder einer Mandoline in feine Scheiben schneiden, dabei Schale und Kerngehäuse nicht herausschneiden, nur die Kerne entfernen. Die Scheiben ins Salzwasser legen, sodass sie damit überzogen sind und nicht braun werden.

Die Apfelscheiben in einem Durchschlag abtropfen lassen, dann mit einem Küchentuch trocken tupfen. In einer Schicht auf einen Backofenrost legen, sodass die Hitze um die Scheiben zirkulieren kann.

1½–2 Stunden backen, bis die Apfelscheiben trocken und knusprig sind. Mit einem Palettenmesser lösen und auf eine Platte oder ein Schneidebrett legen. Mit dem Zimt bestreuen. Vollständig abkühlen lassen, dann servieren oder in einem luftdichten Kunststoffbehälter bis zu 2 Tage im Kühlschrank aufbewahren.

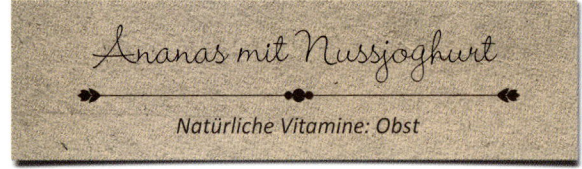

Ananas mit Nussjoghurt

Natürliche Vitamine: Obst

Zutaten für 4–6 Personen

- 1 frische Ananas
- Rapsöl, zum Bestreichen
- 150 g fettarmer griechischer Joghurt
- 130 g Haselnusskerne, abgezogen und grob gehackt

So geht's

Die Blattkrone entfernen und die Ananas in 2 cm dicke Scheiben schneiden. Erst mit einem scharfen Messer die Schale und die „Augen" entfernen, dann mit einem Kernausstecher den Strunk aus der Mitte herauslösen. Die Ringe halbieren.

Den Backofengrill vorheizen und den Backofenrost mit Öl einfetten. Joghurt und Haselnüsse in einer Schale verrühren.

Die Ananasstücke auf den Rost legen und unter dem vorgeheizten Grill auf oberster Schiene 3–5 Minuten goldbraun grillen. Sofort mit dem Nussjoghurt servieren.

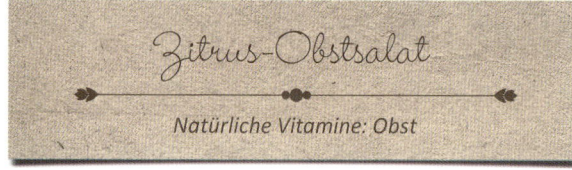

Zitrus-Obstsalat

Natürliche Vitamine: Obst

Zutaten für 4 Personen

- 1 rosa Grapefruit
- 1 gelbe Grapefruit
- 3 Orangen

So geht's

Grapefruits und Orangen mit einem scharfen Messer so schälen, dass auch die weiße Innenschale entfernt wird.

Grapefruits und Orangen filetieren. Die Früchte dabei über eine Schüssel halten, um den Saft aufzufangen. Eventuelle Kerne herauslösen.

Die Filets in der Schüssel vorsichtig vermengen. Abgedeckt bis zum Servieren in den Kühlschrank stellen. In vier Servierschalen anrichten und servieren.

Sommertörtchen mit Beeren

Natürliche Vitamine: Obst

Zutaten für 6 Törtchen

- Öl, zum Einfetten
- 3 Eier
- 80 g Rohrohrzucker
- 2–3 Tropfen Vanilleessenz
- 80 g Vollkornreismehl
- 250 g Naturjoghurt (0,1 % Fett)
- 400 g Mischung aus Himbeeren, Blaubeeren und geputzten Erdbeeren
- 1 EL gesiebter Puderzucker

So geht's

Den Backofen auf 180 °C vorheizen. Sechs kleine Savarinformen (175 ml Inhalt) dünn mit Öl einfetten und auf ein Backblech setzen.

Eier, Zucker und Vanilleessenz in einer großen Schüssel mit dem elektrischen Handmixer 5 Minuten dick und cremig aufschlagen.

Das Mehl darübersieben und mit einem Teigschaber unterheben. Den Teig in die Förmchen füllen und glatt streichen. Im vorgeheizten Ofen 12–15 Minuten backen, bis die Biskuitringe schön aufgegangen sind.

Etwa 5 Minuten abkühlen lassen, dann die Biskuitringe mithilfe eines Messers aus den Formen lösen und auf einem Kuchengitter erkalten lassen.

Die Biskuitringe auf sechs Servierteller heben. Die Mitte mit dem Joghurt füllen und die Früchte darauf anrichten. Mit dem Puderzucker bestäuben und sofort servieren.

Bananen mit Schokosauce

Natürliche Vitamine: Obst

Zutaten für 2 Personen

- 2 kleine Bananen, grob gehackt
- 6 Mandeln, grob gehackt

Schokoladensauce
- 30 g brauner Zucker
- 3 EL Kakaopulver
- 6 EL Milch (1,5 % Fett)

- 30 g Bitterschokolade (70 % Kakaoanteil), gehackt
- 2–3 Tropfen Vanilleessenz

So geht's

Die Bananen in einen gefriergeeigneten Behälter geben und 2 Stunden gefrieren. Herausnehmen, in den Mixer geben und glatt und cremig mixen. Wieder in den Behälter füllen und 1 weitere Stunde gefrieren, bis die Masse fest ist.

Für die Schokoladensauce Zucker, Kakao und Milch in einem kleinen Topf bei mittlerer Hitze zum Köcheln bringen. Die Hitze auf niedrige Stufe reduzieren und 1 Minute rühren, bis sich Zucker und Kakao aufgelöst haben.

Den Topf vom Herd nehmen und die Schokolade unterrühren, bis sie geschmolzen ist. Die Vanilleessenz einrühren und etwas abkühlen lassen.

Die Mandeln in einer Pfanne bei mittlerer Hitze 3–4 Minuten trocken rösten.

Die geeisten Bananen in zwei Dessertgläser oder -schalen füllen und mit der warmen Schokoladensauce überziehen. Mit den Mandeln garnieren und sofort servieren.

Natürliche Vitamine: Obst

Zutaten für 8 Eis am Stiel

- 30 g Rohrohrzucker
- 200 g Erdbeeren, geputzt
- 225 g Pfirsiche, gehäutet und grob gehackt (oder 200 g Pfirsiche aus der Dose)
- 4 große Kiwis, grob gehackt

So geht's

Für den Läuterzucker den Zucker mit 4½ Esslöffeln Wasser in einem kleinen Topf auf niedriger Stufe 5–6 Minuten unter Rühren erhitzen, bis sich der Zucker aufgelöst hat. Die Temperatur erhöhen, bis der Sirup kocht. Dann die Hitze wieder auf mittlere Stufe reduzieren und 3–4 Minuten köcheln. Vollständig erkalten lassen.

Die Erdbeeren im Mixer pürieren. Ein Drittel des Läuterzuckers unterrühren. Das Püree auf acht Eisförmchen (à 100 ml Inhalt) verteilen und 2 Stunden gefrieren, bis es fest ist.

Die Pfirsiche im Mixer pürieren. Die Hälfte des restlichen Läuterzuckers unterrühren. In die Eisförmchen füllen, einen Eisstiel hineinstecken und 2 Stunden gefrieren.

Die Kiwis pürieren und den restlichen Läuterzucker unterrühren. In die Förmchen füllen und weitere 2 Stunden gefrieren.

Zum einfacheren Herauslösen die Förmchen kurz in warmes Wasser tauchen und das Eis vorsichtig am Stiel herausziehen.

Rezepteregister

- **A**nanas mit Nussjoghurt 198
- Anti-Müdigkeits-Drink 138
- Apfelchips mit Zimt 196
- Austern Rockefeller 54
- **B**ananen mit Schokosauce 204
- Bohnendip mit Minze & Rohkost 104
- Bohnensalat mit Tomaten 118
- Brokkoli-Pasta mit Chili 40
- Bruschetta mit Superbelag 108
- Buchweizensalat 122
- Bunter Drei-Saaten-Salat 150
- Burritos mit schwarzen Bohnen 130
- **E**ier mit Tomaten & Paprika 36
- Erfrischender Tomatensaft 10
- **F**eigen mit Gorgonzola 182
- Fruchteis am Stiel 206
- Fruchtiger Floridasalat 62
- Fruchtsalat mit Sprossen & Saaten 188
- **G**efüllte Galettes 152
- Gefüllte Paprika 80
- Gemüsechips mit Dip 14
- Gemüsepfanne mit Roter Bete 34
- Geröstetes Wurzelgemüse 38
- Gerste mit Papaya & Pfirsich 102
- Geschmorte Erbsen mit Salat 126
- Grüner Supersalat 148
- Grünes Thai-Curry 74
- Grünkohl-Bruschetta 16
- Grüntee-Haselnuss-Eis 172
- **H**afer-Honig-Riegel 100
- Hähnchen mit Salsa 72
- Herzhafte Graupensuppe 112
- Himbeer-Smoothie 178
- Hühnchen-Brokkoli-Suppe 58
- Hühnersuppe mit Porree 56
- **I**ngwerlachs mit Gemüse 88
- **J**umbo-Rüblicookies 96
- **K**arotten-Granatapfel-Salat 24
- Karotten-Kürbis-Curry 42
- Kidneybohnen-Risotto 132
- Knusperbecher mit frischen Beeren 168
- Knuspermüsli 98
- Knusprige Grünkohlchips 140
- Kohl-Walnuss-Pfanne 160
- Kokos-Haselnuss-Trüffel 170
- **L**achs & Muscheln mit Koriander 86
- Lachssuppe mit Porree 60
- Linsensuppe mit Spinat 110
- **M**andelmilch-Drink 136
- Mango-Grünkohl-Saft 176
- Melonen-Tomaten-Suppe 184
- Mexikanische Mole-Sauce 144
- **N**ussbraten mit Sauce 156
- Nussmischung in Kräutersalz 142
- **O**rangen-Zitronen-Lamm 194
- **P**aprika-Tomaten-Suppe 18
- Pikant gewürzte Linsen 128
- Pikanter Avocadodip 180
- Pilze mit Knoblauch 28
- Putenrollen mit Mangold 50
- Putensalat-Wraps 48
- Putenschnitzel mit Ofengemüse 76
- **Q**uinoa mit Ofengemüse 162
- Quinoasalat 116
- **R**ehsteaks vom Grill 84
- Reissalat mit Roter Bete 22
- Risotto mit Spargel & Nüssen 164
- Risotto Primavera 44
- Rosenkohl mit Mandeln 154
- Rosenkohl mit Maronen 32
- Rote-Bete-Energiekick 8
- Rotkohl in Rotwein 26
- **S**alat mit dreierlei Beeren 190
- Salat mit Räucherforelle 68
- Salat mit Steak 64
- Salat mit Wolfsbarsch 70
- Salatnester mit Superfood 186
- Scharfer Muntermacher 12
- Schweinefilet mit Supersalat 78
- Sommertörtchen mit Beeren 202
- Studentenfutter 166
- Süßkartoffeln mit Garnelen 52
- Süßkartoffeln mit Kichererbsen 124
- Süßkartoffelsuppe 20
- **T**aboulé 120
- Thunfisch mit Radieschen 90
- Topinambur mit Tomatensauce 30
- **W**aldorfsalat 66
- Walnuss-Roquefort-Törtchen 146
- Weizen-Goji-Beeren-Salat 114
- Winterwundersaft 94
- Wokgemüse mit Orangen 192
- Wokgemüse mit Rindfleisch 82
- Wokgemüse mit Tofu & Sesam 158
- Würzige Kichererbsen 106
- **Z**itrus-Obstsalat 200